吉安职业技术学院文化育人读本编委会

总　　编：钟江生　　欧阳亮

副总编：彭晓雁　　李家林　　吴洪前　　邹宾艳　　段幼平　　王耀廷
　　　　曾　荣　　肖筑清　　曹　蕾　　曾绯龙　　肖玉栋　　韩海强

编　　委：李泽意　　戴　彪　　杨连洪　　李　洁　　李梦星　　胡刚毅
　　　　陈晓莉　　李桃红　　黄　彬　　王　霞

统　　筹：李泽意

浩然正气

HAORAN ZHENGQI

主　编：杨连洪
编写组：李梦星　陈晓莉　陈云花　黄　彬　王　霞　郭爱民　连文秀
　　　　匡兰风　金　玲　邓　超　郭　雯　谢茶花　陈雅妮　龙林森
　　　　徐荣晖　曾思政　谭加庆　郭敬华　李宗江　刘新生　陈　浪
　　　　郭平德　杨火根　刘远春　姚义兴　傅正生　蒋显经　孙贵昌
　　　　郑能熙　刘配镜　郭赣生　彭国远　肖立和　郭华元　孙　仲
　　　　李周源　刘云翔　王南生　冯　都　龙衍庆

江西人民出版社
Jiangxi People's Publishing House
全国百佳出版社

序

曾经，我们把大学当作国家专政的工具，强调大学的政治性、阶级性；在狭隘的市场经济观念下，强调大学的经济性、产业性；由于长期的计划经济体制和大学管理的简单化，把大学当作政府主管部门的下属单位。

一直到今天，我们还在探讨这个问题——大学最需要什么？

习近平总书记在与北京大学师生座谈会上指出："大学是一个研究学问、探索真理的地方。"显然，习总书记道出了大学最根本的属性。同时，他进一步强调："中华文明绵延数千年，有其独特的价值体系。我们生而为中国人，最根本的是我们有中国人的独特精神世界，有百姓日用而不觉的价值观。"这一段话深刻地说出了大学的文化属性。

是的，大学就应该是一座通过文化创造、文化传承和文化启蒙活动，把人的能力、素质、精神境界进行全方位文化提升的文化气场。

吉安职业技术学院创办于国家日益重视职业教育的时代环境下，又立足于井冈山这块独具精神内涵的红土地上，还浸润在丰厚博大、魅力不绝的庐陵文化滋养中，加强学校文化建设，营造良好的校园文化育人氛围，既是我们得天独厚的条件，也是我们刻不容缓的任务。于是，我们感觉有必要编撰一套体现吉安红色文化、庐陵文化、廉政文化的读本，为师生了解我们所处这一方水土的文化精髓提供一点参考资料；同时，也为师生增加文化素养、塑造精神气质提供一些条件。

吉安职业技术学院虽然是一所新办的高职院校，但从她的蓝图绘制第一笔开始，关心她的领导和建设者就非常注重她的文化品位——校舍建筑融入了浓郁的庐陵传统文化元素，校园规划从"山水校园，庐陵书院"的高起点进行打造，整座校园宛如一座具有吉安风韵的江南园林。但我们不能仅有庐陵文化的美丽外表，我们还必须培养好具有吉安特色的精神内涵。这个内涵包括我校的办学理念、核心价值、管理文化、精神追求、育人特色、师生关系、校园建设等方方面面。编辑出版"三本书"即是用吉安独有的文化资源优势，加快我校文化育人内涵建设的重要举措之一。

讲好中国故事就要讲好吉安故事。吉安这块富饶而神奇的土地，缔造了具有原创意义的井冈山精神，开辟了具有中国特色的革命道路——农村包围城市，武装夺政权的井冈山道路；积淀了深厚的传统文化底蕴，形成了具有浓郁地方风格的庐陵文化；积聚了丰富的廉文化元素，蕴育了一座廉政文化的富矿。今天我们讲好这些发生在吉安这块土地上的故事，就是要弘扬吉安厚重的红色文化、精深的庐陵文化、浩然的廉政文化，进而用这些文化教育和影响全校师生，促进学校形成良好的文化内涵，打造我校独具魅力的精神气质。

我们希望这三本书能成为全校师生的良师益友，成为我校培养具有创新精神技术技能型人才的特色营养，成为建设优秀校园文化和精神气质的良好开端。

欧阳亮

2016 年 9 月 20 日

目 · 录

| 前　言 | 1 |
| 廉政文化概述 | 3 |

★ 第一章　清臣廉吏

1. 徐全冒死弹劾权贵 …………………… 12
2. 欧阳观勤政爱民 ……………………… 15
3. 欧阳修力除弊政 ……………………… 17
4. 黄龟年忠直勤谨 ……………………… 20
5. 周必大忠臣勤政 ……………………… 23
6. 张钢廉明勤勉 ………………………… 26
7. 欧阳守道正廉兴学 …………………… 28
8. 文天祥浩气长存 ……………………… 33
9. 刘菽克己奉公 ………………………… 38
10. 杨士奇端谨守正 ……………………… 39
11. 周忱公心体国治财赋 ………………… 43
12. 刘俨公正选才 ………………………… 46
13. 萧桢两袖清风 ………………………… 49
14. 罗伦清贫敢直谏 ……………………… 51

1

15. 张敷华勤廉刚介 …………………………… 54
16. 刘戬出使留廉名 …………………………… 57
17. 聂豹一廉如水 ……………………………… 59
18. 郭汝霖拒礼不贪 …………………………… 63
19. 胡叔廉巧拒贿赂 …………………………… 65
20. 刘仕祯铁面无私 …………………………… 68
21. 王言天下清官第一 ………………………… 69

★ 第二章　清正家风

1. 陶侃母亲教子有方 ………………………… 74
2. 欧母画荻教子 ……………………………… 79
3. 胡铨清白家规传后人 ……………………… 81
4. 杨万里父子名扬后世 ……………………… 84
5. 曾德慈毁家纾国 …………………………… 87
6. 杨士奇母亲教儿行正道 …………………… 91
7. 高妙莹以德训子 …………………………… 94
8. 朱中楣严教儿子 …………………………… 96
9. 仁德路 ……………………………………… 99

★ 第三章　铮铮铁骨

1. 陈乔谏国尽忠惟身死 ……………………… 102
2. 宋齐丘谏改税赋促繁荣 …………………… 104
3. 萧俨刚直方正显忠心 ……………………… 106
4. 刘沆抑强救弊为贤相 ……………………… 110
5. 何昌言无私无畏斗蔡京 …………………… 113
6. 胡铨奏斩秦桧抗强权 ……………………… 118
7. 孙逢吉直言敢谏斗权臣 …………………… 120

8. 罗开礼绝食报国全忠义 …………… 120

9. 刘鹗以忠事国拒贪腐 ……………… 122

10. 左鼎忠直敢言抗议和 ……………… 124

11. 胡广上奏言弊不避讳 ……………… 126

12. 李时勉一身铁骨全忠义 …………… 128

13. 刘球直言敢谏不顾身 ……………… 131

14. 罗侨犯颜直谏逆刘谨 ……………… 134

15. 罗洪先守正研学辞严嵩 …………… 135

16. 萧樟一身硬骨真铁汉 ……………… 137

17. 何心隐杀身成仁持己见 …………… 140

18. 邹元标秉公直言打不死 …………… 142

★ 第四章　革命风范

1. 大义凛然，战斗到底：芙蓉山五女跳崖 ……… 146

2. 大爱无疆，润物无声：曾山和他的孩子们 …… 148

3. 克己奉公，一心为民：苏区好干部胡海 ……… 152

4. 对党忠诚，敢讲真话：党的优秀干部周贯五
……………………………………………………… 155

5. 严于律己，家风俭朴：黄欧东的"五好家庭"
……………………………………………………… 157

6. 严于律己，不搞特殊：陈正人的"先忧后乐"
……………………………………………………… 160

7. 清正廉洁，高风亮节：金如柏的感人一生 …… 162

8. 严格要求，质朴一生：康克清拒绝特殊化 …… 165

9. 坚持原则，廉洁自律：王辉球交伙食费 ……… 167

10. 信念坚定，一心为国：巾帼英杰曾志 ……… 170

11. 关爱群众，不忘家乡：龙道权三谢乡亲 …… 173

12. 不事张扬，埋头苦干：一切都是本分的余秋里
……………………………………………………… 175

★ 第五章　先贤语录

1. 欧阳修 …………………………… 180
2. 孔文仲 …………………………… 182
3. 孔武仲 …………………………… 183
4. 孔平仲 …………………………… 184
5. 刘　弇 …………………………… 185
6. 欧阳珣 …………………………… 186
7. 杨邦乂 …………………………… 187
8. 周必大 …………………………… 188
9. 杨万里 …………………………… 188
10. 罗大经 ………………………… 190
11. 欧阳守道 ……………………… 191
12. 文天祥 ………………………… 193
13. 杨士奇 ………………………… 196
14. 解　缙 ………………………… 197
15. 周　叙 ………………………… 197
16. 罗　伦 ………………………… 198
17. 周孟中 ………………………… 199
18. 邹元标 ………………………… 200
19. 刘同升 ………………………… 201
20. 贺贻孙 ………………………… 201

后　记 …………………………………… 203

前　言

　　为深入推进党风廉政建设，加强全体党员和全校师生的理想信念教育、基础道德教育、传统美德教育，根植"敬廉崇洁"理念，培养正确的价值观念和高尚的道德情操，充分发挥廉政文化在党风廉政建设中的基础性作用，吉安职业技术学院根据吉安市纪委关于加强党风廉政建设的工作要求，经过一年来的多次征订与修改，于2016年正式出版《浩然正气》一书，这是我校廉政文化建设工作的一大盛事。

　　"天地有正气，杂然赋流形。下则为河岳，上则为日星。于人曰浩然，沛乎塞苍冥……"，这几句诗出自于我们吉安人民一直引以为傲的民族英雄文天祥所写的《正气歌》。文天祥正是以其自身"舍生取义"的民族精神对"浩然正气"一词做了最有力的阐释。那么，"浩然正气"一词源于何处呢？初始为何意呢？在《孟子·公孙丑上》中，孟子曾云："吾善养吾浩然之气。"据孟子解释说，所谓浩然之气，即是"至大至刚"、"塞于天地之间"的刚正之气，又称为"浩然正气"。这种"气"只有人自身用正义与道德长年累月积累方可形成。一个人一旦储存了"浩然正气"，则在面对外界一切诱惑与威胁之时，都能够做到宠辱不惊、镇定自若，也即是孟子所称赞的"大丈夫"情操：富贵不能淫，贫贱不能移，威武不能屈。

　　这种"大丈夫"身上所体现的"浩然正气"一直以来都长存于中国历史上那些仁人志士们刚正不阿、廉洁勤政的为政为民的气节中，并具化为廉政文化之源流。廉政文化建设在中国各朝代政治史上一直都是官员必备的为政品德。《周礼》中对于官员的考核有"六廉"要求，即廉善、廉能、廉敬、廉正、廉法、廉辨。也就是说，若要为官，则必须具备善良、能干、敬业、公正、守法、明辨等基本品格，而这六种品格都是以"廉"为冠。明朝郭允礼在其所撰的《官箴》中对"公廉"的诠释是最为后世所称道的："吏不畏吾严而畏吾廉，民不服吾能而服吾公；公则吏不敢慢；廉则民不敢欺。公生明，廉生威。"在庐陵廉政文化悠久的历史长河中，出现过许许多多的清官廉吏。他们忠于职守，报国为民，清正廉明，惩恶扬善，为后世人民代代传颂，后人以之为榜样。这些都对中国廉政文化建设的丰富与发展产生了重大的影响。

中国共产党自执政以来，以毛泽东、邓小平、江泽民、胡锦涛同志为核心的党的几代领导集体和以习近平同志为总书记的党中央，在长期反腐倡廉的治国道路上，吸收借鉴了古今中外优秀的廉政文化成果，创立与发展了一系列廉政文化理论。这套廉政文化理论从廉洁从政的思想道德出发，倡导以"浩然正气"来营造良好的廉洁从政的文化氛围和以廉为荣、以贪为耻的社会风尚。

知史以明鉴，查古以至今。为响应党中央提出的廉政文化建设的号召，永葆廉政文化建设长久生命力和创造力，吉安职业技术学院自办校以来，党委及纪委一直高度重视反腐倡廉教育工作，在廉政文化体制的创建、廉政思想的普及宣传、廉政教育活动的开展等工作中做了许多有益的探索与实践，极大地推动了本校廉政文化建设，营造了良好的崇廉尚实、遵纪守法、风清气正的政治生态。现推出的《浩然正气》一书融合了校内廉政文化建设专业编撰人员以及吉安市有关单位的党员干部的劳动成果。在注重史实性以及典型性的前提下，他们充分收集、挖掘、整理并编撰了一篇篇具有代表性的吉安籍清官廉吏的事迹故事。本书从清臣廉吏、清正家风、铮铮铁骨、革命风范等四个层面，选取了60篇感人的故事，并附有古代吉安20位先贤的语录。这些廉政故事和先贤语录，既是人们对庐陵乃至中华民族廉政文化的探源追溯，也是对优秀民族文化精神的传承绵延。本书内容翔实可靠、贴近生活，具有很强的可读性，通俗易懂，寓教于乐，是一本很适合广大师生学习的优秀廉政文化建设读物。

常言道，良好的开端是成功的一半。吉安职业技术学院奋力推出的《浩然正气》一书是本校在廉政文化建设上跨出的一大步。无论是本书的文字还是结构，编者都是经过了数月以来的反复推敲与审议。当然，由于本校第一次编撰此类书籍，还存在很多不足的地方，还需要更多的学习与探索。

在廉政文化建设之路上，让我们为《浩然正气》而共同努力，让我们为守望中国的廉政文化而共同加油！

吉安职业技术学院党委书记　欧阳亮
2016年9月

廉政文化概述

廉政文化是以廉政为根本内容的文化传统、文化形态与文化建设，是人们崇尚廉洁、鄙弃贪腐的行为规范，以及与此相适应的生活方式、生活评价的总和，为中华优秀传统文化的重要组成部分。我国在长期的历史发展过程中，逐步形成了完整的廉政文化建设体系。

在中国古代，"廉"是人们对待财利的正确态度。古人云："临大利而不易其义，可谓廉矣。"（《吕氏春秋·忠廉》）也就是说，在面对巨大物质利益诱惑的时候，能始终不改变做人的准则，才可以称得上廉洁。廉的基本要求是不贪不义之财，在这种义利观指导下行使公共权力的行政过程就是廉政，也就是各级工作人员在履行其职能时，不以权谋私，办事公正廉洁。

在我国历史上，第一个提出"廉政"概念的是春秋时期的晏婴。《晏子春秋·内篇》曾经记载了晏子与齐景公这样一段对话："景公问晏子曰：'廉政而长久，其行何也？'晏子对曰：'其行水也。美哉水乎清清，其浊无不雩途，其清无不洒除，是以长久也。'"晏子认为，长久地推行廉政，政治会像水一样清澈透明，国家则可以长久。晏子辅佐齐景公，使齐国政治清明，百姓安乐。他自己也十分节俭，对齐景公的穷奢极欲进行了多次的批评。齐景公多次要给他调整住宅，趁晏子出使的时候，给他建了一座新宅，晏子得知后坚决辞谢。有一次，齐景公来到晏子家宴饮时，看见他妻子又老又丑，想把自己年轻漂亮的女儿嫁给晏子，却遭到晏子的坚定拒绝。

廉政文化在我国产生的时间很早，最早的一部历史文献《尚书》就有相关的记载。《尚书·尧典》记载帝尧为政"克明俊德、以亲九族、敬授民时"，宣传勤政、节用、爱民、尚贤等思想。《尚书·皋陶谟》中提出"九德"，其中之一就是"简而廉"，这是针对为官者的素质要求。《周礼》对官员之廉做了一个较为全面的解释："以听官府之六计，弊群吏之治。一曰廉善，二曰廉能，三曰廉敬，四曰廉正，五曰廉法，六曰廉辨"，分别从善良、能干、敬业、公正、守法、明辨等六个方面，全面诠释了官员廉政必须具备的品格。后来，孔子在《论语》中把"欲而不贪"作为从政的道德标准之一。六朝时，"举孝廉"制度将廉洁作为选拔官吏的前提条件，曹操、司马懿、王导等人都是通过"举孝廉"而进入政治舞台。隋唐之后的科举选拔制度，也将廉洁作为入仕的基本条件。历代王朝都把"廉"作为官员、民众道德品质教育的重要内容。廉政不仅是一种道德观，更是一种治国思想。廉政思想一旦成为思想意识形态的重要内容，也就顺势成为传统道德的核心，优秀的廉政文化思想也就相应形成。自古及今，涌现出很多廉政的官员，如宋代铁面无私的包拯、明代当面直言的海瑞、清代被康熙皇帝赞为"天下清官第一"的吉安人王言。同时，也出现了许多千古流传的廉政警句，如"其身正，不令而行；其身不正，虽令不从"（《论语·子路》）、"非淡泊无以明志，非宁静无以致远"（诸葛亮《诫子书》）、"历览前贤国与家，成由勤俭败由奢"（李商隐《咏史》）、"海纳百川，有容乃大；壁立千仞，无欲则刚"（林则徐两广总督府衙题写的堂联）等。这些廉政警句，成为中华民族传统文化中弥足珍贵的思想瑰宝。

中国共产党自建立以来就积极倡导和实践廉政文化，毛泽东在秋收起义后向井冈山进发途中，规定了三大纪律六项注意，从而奠定了中国工农红军统一纪律的基础，为以后我们党夺取政权奠定了坚实的军队思想基础。新中国成立后，以毛泽东为核心的党中央多次开展反腐败斗争，开展了大规模的反贪污、反浪费、反官僚主义的"三反"运动和反资产阶级"五毒"的"五反"运动，对干部的反腐倡廉、拒腐防变起了很好的警戒作用。改革开放后，邓小平曾在和第三代领导集体的谈话中郑重嘱托："我们一手抓改革开放，一手抓惩治腐败，这两件事结合起来，对照起来，就可以使我们的政策更加明朗，更能获得人心。"坚持两手抓、两手都要硬的思想,一直贯穿于邓小平创立建设有中国特色社会主义理论体系之中,成为我们党和国家宝贵的精神财富。以江泽民为代表的第三代领导集体指出,反腐要标本兼治,教育是基础,法制是保证,监督是关键,形成全方位推行廉政文化建设的思想体系。胡锦涛在党的十七大报告中强调,要把反腐倡廉建设放在更加突出的位置,旗帜鲜明地反对腐败。党的十七大报告系统阐述了反腐倡廉建设,把反腐倡廉建设同党的思想建设、组织建设、作风建设、制度建设并列起来,作为党的五大建设的重要组成部分。胡锦涛把"反腐倡廉工作"提升为"反腐倡廉建设",是我们党和国家对反腐倡廉战略的新定位、新举措,表明了我们党推行廉政建设的决心和勇气。党的十八大以来,习近平从党和国家事业发展战略高度出发,着眼于不断推进党风廉政建设和反腐败斗争,系统地提出了一系列新的理念和思路。他指出,在中国共产党的领导下,依靠人民群众,建立健全惩治和预防腐败体系,既要加强反腐败立法,把权力关进制度的笼子里,又要规范反腐败决策执行程序,让法律制度刚性运行。习近平关于反腐败的思想,把党风廉政建设和反腐败斗争的思想理论提升到一个新的高度。

二

经过数千年的发展,我国廉政文化孕育的思想内容非常丰富,主要体现在以下几个方面:

一是为政以德,以德保廉。《论语·为政》中说:"为政以德,譬如北辰,居其所而众星共之。"说的是执政者一定要让有德之人担当,如果能以德行为基础来推行仁政,执政者就会像北极星一样受到群星爱戴并形成核心。《大学》明确指出"身修而后家齐,家齐而后国治,国治而后天下平",把自身修为、家庭管理、国家治理紧密联系在一起:加强自我修养,才能管理好家庭;管理好家庭后,才能治理好国家;治理好国家之后,天下才能太平。古人把提高自身修为和治理国家紧密联系起来,以美好的德行作为廉政的前提。汉文帝刘恒在位二十三年,一直没有大兴土木,有次想建造露台,召集匠人计划了下预算,要费百金,于是自我反省说:

"百金之资财，相当于十户中等人家的财产，我继承先帝的宫室，常恐自己无德，玷辱了先帝，为何还要修露台呢？"武则天认为："君子行廉以全其身，守清以保其身。富财不如义多，高位不如德尊。"(《臣轨·廉洁》)指出道德修养是执政者的首要问题，以德执政才能德行惠民。

二是俭以养德，廉洁奉公。古人以节俭为美德。《周易》云："君子以俭德辟难，不可荣以禄。"说的是君子以节俭为德而避开危难，不可追求荣华而谋取禄位。孔子说："富与贵，是人之所欲也；不以其道得之，不处也。"(《论语·里仁》)富与贵是每个人心中的期望，但是如果不是取之有道，不是用正当的方法得到，那么宁愿不要去享受。西汉的刘向说："临官莫如平，临财莫如廉。"(《说苑·政理》)面临着做官，没有什么比公平端正更得民心；面临着钱财，没有什么比廉洁不贪更为可贵。诸葛亮在《诫子书》中说："夫君子之行，静以修身，俭以养德，非淡泊无以明志，非宁静无以致远。"君子们以宁静来提高自身的修养，以节俭来培养自己的品德。淡泊寡欲才能明确志向，内心宁静才能达到远大目标。这些著名的警句，都教育、引导着人们自觉地去追求廉洁的境界。晋代名臣陶侃年轻时曾任浔阳县吏。一次，他派人给母亲送了一罐腌制好的鱼。他母亲湛氏收到后，又原封不动退回给他，并写信给他说："你身为县吏，用公家的物品送给我，不但对我没任何好处，反而增添了我的担忧。"这件事使陶侃受到很深刻的教育。东汉时，杨震在赴任途中经过昌邑时，昌邑县令王密来拜访他，以十斤黄金相赠。杨震说："我了解你，但你不了解我啊！"王密没听明白杨震的责备之意，说："天黑，没有人知道。"杨震说："天知，神知，你知，我知，何谓无知？"王密这才明白过来，非常惭愧。这些都是俭以养德、廉洁奉公的故事，对我们有很深的启示意义。

三是德才兼备，任人唯贤。任人唯贤是廉政建设的一项重要内容。1938年10月14日，毛泽东在中共六届六中全会上作《论新阶段》的政治报告，明确指出："我们民族历史中从来就有两个对立的路线，一个是'任人唯贤'的路线，一个是'任人唯亲'的路线。前者是正派的路线，后者是不正派的路线。"任人唯贤还是任人唯亲，是判断执政者是否贤明的标志，也是关系到兴国安邦的大事情。《孟子·告子下》云："不用贤则亡。"《吕氏春秋·求人》云："身定、国安、天下治，必贤人。"历朝历代的贤明君主都深知得贤才方能得天下的道理。刘邦做皇帝后告诉大臣们："夫运筹帷幄之中，决胜千里之外，吾不如子房；镇国家、抚百姓、给饷馈、不绝粮道，吾不如萧何；连百万之众，战必胜，攻必取，吾不如韩信。三人皆人杰，吾能用之，此吾所以取天下者也。"（《汉书·高帝纪》）刘邦有识人慧眼，看到张良、萧何、韩信三位杰出人物的优势长项，又有自知之明而不嫉贤妒能，坦然讲出自己的"三不如"。唐太宗李世民知人善任，用人唯贤，不问出身，搜罗了许多杰出人才。他用人的原则是德才兼备，以才命官，量才任职，故史书称赞他"拔人物则不私于党，负志业则咸尽其才"。李世民初期延揽的房玄龄、杜如晦，人称"房谋杜断"，后期任用的长孙无忌、褚遂良等，都是忠直廉洁之士。李世民还不计前嫌，重用降将尉迟恭、秦琼以及李建成旧部魏徵，正是这些栋梁之材，用他们的聪明才智，为"贞观之治"做出了巨大贡献。

四是爱民利民，廉政固本。民本思想是中国传统文化中极其重要的思想资源。春秋时期，齐国的田僖子，采取了一些争取民心的有效措施。他用大斗借米给百姓，后用小斗回收，于是"齐之民归之如流水"，田氏借此增强了势力。孔子提出了"节用而爱人，使民以时"（《论语·学而》）的思想；孟子更明确地指出"民为贵，社稷次之，君为轻"（《孟子·尽心下》），告诫统治者要爱民、利民，轻徭薄赋，听政于民，与民同乐。西汉文帝刘恒在位时，采取了减轻赋税、抑商养农、募民还乡等一系列利民措施，使汉朝进入强盛安定的时期。在古代，有夺取天下之功的称为祖，有治理天下之德的称为宗。所以，刘恒的庙号为太宗。唐文宗太和年间，四川益章县令何易于，勤政爱民、清廉正直。有一次，利州刺史崔朴带着随从、宾客泛舟春游，他下令让当地征夫为他的官船拉纤。当官船行至益章时，有人发现拉纤的人中有县令何易于，于是就报告崔朴。崔朴得知后很吃惊，便招来何易于："你身为县令，为何亲自拉纤？"何易于答道："现在正是春天，百姓忙于耕地、养蚕，时间非常宝贵。我是你主管下的县令，现在没有其他事，所以来充役拉纤。"听完他的话，崔朴和宾客们满脸通红，赶忙下船，骑马回去了。北宋廉吏包拯，官至枢密副使，一生清廉，不畏权贵，最恨贪赃枉法。他说："廉者，民之表也；贪者，民之贼也。"民间称他为"包青天"。他任端州（今广东肇庆）知州时，发现历任知府借上贡端砚而勒索百姓，中饱私囊，于是下令只按进贡数量制作。离任时，他将人们悄悄塞在他行李中的端砚投入江底。"为官如清水，不持一砚归"，成为包拯清廉爱民的佳话。

浩然正气 Haoran Zhengqi

这些故事所体现出来的爱民利民、以廉为本的传统廉政文化精神，成为我们今天推行廉政文化建设的宝贵文化遗产。

三

吉安古称庐陵，在这片土地上有很多先贤的廉政故事。如为民请命、直言弊政的欧阳修，清正廉洁、门风不坠的父子清官杨万里、杨长孺，辞谢赠金的外交使臣郭汝霖，惠政恤民、廉洁自律的王言。

南宋隆兴元年（1163）秋，杨万里离零陵任，赴调至临安，同僚们决定摆一桌酒席为杨万里送行。为了不增加同僚们的负担，杨万里决定提前动身离任。当晚装好书籍衣物，夜里就请好渡船，提前离开了零陵。当同僚们来请杨万里赴宴时，只看到书桌上留下一纸便笺，是杨万里离开前写下的《夜离零陵，以避同僚追送之劳，留二绝简诸友》："已坐诗朣病更羸，诸公刚欲饯湘湄。夜浮一叶逃盟去，已被沙鸥圣得知。""思归日日只空言，一棹今真水月间。半夜犹闻郡楼鼓，明朝应失永州山。"杨万里遗诗避宴之事，一时传为宋代官场美谈。杨万里晚年闲居乡间十五年，主动谢绝朝廷俸禄，与夫人罗氏一起过着粗茶淡饭、粗衣布衫的生活。浙江"四灵派"诗人徐玑到吉水拜访杨万里，称赞他"清得门如水，贫惟带有金"（《投杨诚斋》）。杨万里廉洁奉公、甘贫乐道的家风，对其子杨长孺影响很大。据罗大经《鹤林玉露》记载，杨长孺为湖州太守兼庚州节度使时，敢于弹压权贵，为民撑腰，打击当地豪绅势力。任福建安抚使后，拒收南安县令贿赂，把南安县令绳之以法，判刑入狱。出任广东经略使时，看见百姓穷困，缴不起官府的租税，就以自己的俸钱替贫困户缴租。后来，宋宁宗召见翰林学士真德秀问对："当今廉吏是谁？"真德秀回答说："当今廉吏杨长孺也。"杨氏父子清正廉洁、门风不坠，成为古代有名的父子清官。

明嘉靖三十八年（1559），琉球国国王请明朝皇帝下旨册封，永丰人郭汝霖被任为正使，朝廷赐给他玉带、一品官服，奉国书前往琉球国。按惯例，凡出外国的正、副使者可各乘一船，带黄金千两以备途中之用。可是，郭汝霖为官清廉，克己奉公，为节省路费，与副使同乘一船，在海上克服险阻，到达琉球国。琉球国国王获封后，特铸造精美马蹄形黄金40两赠送给郭汝霖，他却婉言谢绝不受。回朝复命时，琉球国使者将郭汝霖辞谢赠金的情况转告明嘉靖皇帝。嘉靖皇帝非常高兴，多次在朝廷中赞扬郭汝霖廉洁奉公，表现了大明王朝使者的风范。第二年，朝廷命他督修通州海城，众官员都说，修该城非耗白银20万两不可。郭汝霖到达通州后，亲自察看，精心规划，实行定时定量定费，杜绝了经办官吏从中渔利，仅用3万多两白银在半年内就把通州海城修复一新，嘉靖皇帝奖赏郭汝霖督察之功，升任其为大理少卿，后又升为南京太常卿。

康熙二十七年（1688）秋，新干人王言到广西马平县做县令。到任后，王言极力推行"减火耗、省差徭、恤夫役、免行户"的治县良策，上任不到一月，便深得民心。当时的马平县非常贫穷，聚居着许多少数民族，乌石堡部落的瑶人时常出没乡里，抢劫无辜。当地提督李公准备发兵围剿，王言认为不妥，亲自登门拜访李提督，建议单骑前往，教其从善，极大地感动了当地的少数民族，特别是瑶民首领更是感激不尽，表示要改恶从善，睦邻相处。从此，瑶民与汉人和睦如初。后来，王言调任宛平（今北京丰台地区）知府，以廉洁勤政著称于朝，康熙皇帝赐予他"天下清官第一"六字。康熙四十七年（1708）秋，王言"塞驴就道，行李如下第时"，辞朝别京，回归故里。他那由康熙皇帝亲笔所敕"天下清官第一"的匾额，现在依然珍藏于新干县博物馆。

这些先贤廉政的事迹，至今依然在国内广为流传，成为廉政文化领域中的一朵朵奇葩，具有独特的社会价值和教育意义，深受人们的关注和喜爱。本书从清臣廉吏、清正家风、铮铮铁骨、革命风范等四个层面，选取了60篇感人的故事，并附有古代吉安20位先贤的语录。这些廉政故事和先贤语录，从不同的历史时期和历史侧面，塑造了许多充满传奇色彩的清廉形象，表现了庐陵先贤爱民利民、取义成仁的高贵品格和坚定信念，反映了中华民族廉政思想的内涵。它们既是人们对庐陵乃至中华民族廉政文化的探源追溯，也是对优秀民族文化精神的传承绵延。这种独特的历史内涵和催人奋进的廉政勤政、爱民爱国的精神，赋予了廉政文化建设强大的教育功能，成为我们进行理想信念教育的生动教材，也成为社会主义核心价值观教育的宝贵财富。

这些庐陵先贤的廉政故事，反映了中华民族不同时期的廉政文化思想，为社会主义新时期廉政文化建设提供了宝贵的思想营养。根据马克思主义的基本立场、观点和方法，新时期廉政文化继承和发展传统廉政文化，充分吸收了古代以廉为本、以德治政等廉政思想的核心内涵，并进行改造和创新，赋予其符合共产党人行为准则的廉政思想内涵。

社会主义廉政文化的主要内涵是务实、为民、清廉。务实，就是要认真研究中国特色社会主义建设中执政党廉洁从政的规律，坚持立党为公，开拓进取，务求实效。为民，就是把广大人民群众的利益视为最高利益，时刻想着群众，一切为了群众。清廉，就是要保持我们党艰苦奋斗的优良传统，保持共产党员的优秀品德和高尚情操。这些内涵，顺应了时代发展要求，反映了广大人民群众的意愿，代表着社会主义先进文化的本质要求和服务方向。要推行社会主义廉政文化建设，就要在全社会营造"以廉为荣、以贪为耻"的健康向上的社会氛围，形成和发展廉政文化的社会土壤，尤其要在公职部门营造"权为民所用、情为民所系、利为民所谋"的廉政文化主体氛围，引导领导干部树立廉政理念和公仆意识。

要加强廉政文化建设，就必须在全社会形成"以廉为荣、以贪为耻"的良好风尚。在制度和监督的权力制约机制的基础上，通过教育等途径在全社会范围内加强廉政文化建设，已经成为反腐倡廉的一项重大任务。作为地方院校的吉安职业技术学院，肩负着为社会主义现代化建设培养人才、传播社会主义先进文化、引领社会文明风气的重任。这次在全校大力开展廉政文化教育，编撰文化育人读本之一的《浩然正气》一书，既是对本土传统文化资源的挖掘和保护，也是对文化传承创新的路径与方法的有益探索，体现了地方院校的使命和责任，对于加强学生的理想信念教育、基础道德教育、传统美德教育、法制意识教育，根植"敬廉崇洁"理念，培养正确的价值观念和高尚的道德情操，具有重大而深远的意义。

丁功谊　井冈山大学

2016 年 9 月 10 日

第一章 清臣廉吏 qingchenlianli

其身正,不令而行;其身不正,虽令不从。
——《论语·子路》

廉者,民之表也;贪者,民之贼也。
——宋·包拯《乞不用赃吏疏》

见小利,不能立大功;存私心,不能谋公事。
——清·王永彬《围炉夜话》

浩然正气 Haoran Zhengqi

1.徐全冒死弹劾权贵

> 徐全,字楚璧,江西省永丰县恩江镇古下院(今恩江镇永叔公园内)人。唐朝天宝年间(742-756)科举殿试对策,高中榜眼,官至中书侍郎。一生为官清廉,忠直敢言,不畏强权,正气浩然。

徐全出身于书香门第,自幼聪颖,勤奋好学,壮志不凡。唐天宝年间,他参加殿试对策,句句铿锵,字字动人,深得玄宗皇帝赏识,高中榜眼,授中书侍郎一职。

玄宗皇帝在位后期,昏庸无道,怠于朝政,只知荒淫奢侈,听信谗言,特别宠爱朝中大奸贼李林甫,并封他为晋国公,使其得出将入相。李林甫为人狠毒奸诈,忌贤妒能,与当朝右相杨国忠、管宫侯高力士相互勾结利用,为非作歹,垄断朝政。他知徐全性情刚烈,遇事沉着,一身正气,是个厉害的角色,便暗自谋算,欲收为己用。于是他派人以封官、金钱、美女相许,妄想收买徐全,却遭到徐全严词拒绝。

李林甫拉拢徐全不成,变本加厉,排除异己,诛逐贤臣。翰林学士虞士南见李林甫无恶不作,祸国殃民,便向皇上参本力陈其罪状,但皇上对此事不予理睬。而李林甫却倒打一耙,致使虞学士气急攻心而亡。徐全当时正离京办案,不知晓此事,在京的一些正直臣子,目睹这一悲事,对皇帝如此信任李林甫而痛心疾首,深感除奸无力。当徐全回到京城,闻此事,不由得义愤填膺,不食不眠,连夜写好奏疏,坐等天明面圣。

第二日,皇宫金銮宝殿之上,玄宗皇帝端坐于上,文武百官三呼万岁之后,旋即分立品级台。一名太监上前:"皇上有旨,有本奏来,无事退朝。"徐全越班跪地:

"臣有本奏！"皇帝见是徐全，问道："徐爱卿，状告何人？""当朝左相李林甫！"皇帝一听是告李林甫的，龙颜变色，斥道："左相是朝廷重臣，何罪之有？"徐全毫不畏惧，朗声答道："李林甫上欺君王，下压群臣；悬秤卖官，贪污受贿；利用权势，结党营私；假传圣旨，于山东立擂台，招兵买马；勾结大宛费铁陀，企图炮打五凤楼。""徐爱卿，你说的罪状有证据吗？""请皇上看疏状！"徐全双手高举着疏状，太监接过，放在龙案之上。玄宗皇帝望了一眼，漫不经心地喊道："李林甫！""老臣在！"李林甫忙撩衣跪地。"中书侍郎徐全，告你五大罪状，你可知罪？""冤枉！老臣不敢欺骗皇上，压迫群臣；更没有卖官诈钱，结党营私；从未假传圣旨，于山东立擂台是为国选武才，以备战用，不是招兵买马；正月十五放花灯，是奉旨与民同乐，大宛扎的是九狮图灯，何来的火炮去炮打五凤楼，完全是一派胡言，请万岁爷主持公道！""徐爱卿，李林甫已解释清楚，不要节外生枝。"徐全见李林甫矢口否认，拒不认罪，急道："皇上，李林甫专权误国，罪大恶极，他无中生有，陷害忠良，望万岁明察，按律制裁。"皇帝不耐烦地一挥手："谁是谁非，朕心中自然明白。你俩都是忠臣，不许再纠缠！"徐全闻言，明白皇上在袒护李林甫，再说也无用，只好含恨退下。而李林甫被徐全历数种种罪行，恼羞成怒，闻皇上称徐全为忠臣，不敢马上陷害，暗图反击之策。徐全没有告倒李林甫，更加小心谨慎，继续收集证据。

一次散朝后，徐全回府，途经东大街，轿子忽然停在路旁，耳闻一阵马蹄声，他一步跨下轿，只见一队骑士用手中刀枪，驱赶行人，砸坏路边的地摊。徐全正要过问此事，一群百姓慌慌张张跑来，有的口中直喊："安贼来了，快跑……"徐全拦住一人询问，方知安贼即是安禄山。他想起这个安禄山便是皇上册封的平卢、范阳、河东节度使，曾在金銮宝殿见过他。这时，几十名骑士簇拥着一人奔来，徐全冷眼看去，此人头戴金凤盔，身披金甲，脚踩五彩战靴，手持金凤大刀，黄脸膛，浓眉眼，耳垂肩，正是胡人安禄山，他狂笑着疾马驰过，踏伤数人。顿时，街道上响起一片哭喊、咒骂声："此贼过街，以伤百姓为乐，禽兽不如！""安贼日后必反，怎能让他掌握兵权？"老百姓怨声不绝，徐全听在耳中，心忧天下的他决定第二日要状告安禄山。

第二天早朝，皇帝升殿。徐全整了下衣冠，跪伏殿下，"万岁，臣有本奏！"

浩然正气 Haoran Zhengqi

报恩寺塔,在永丰县西门外恩江河畔。《江西通志》:"报恩寺在永丰县西坊,唐天宝间,中书侍郎徐安王庐母侯氏墓,以故宅为寺,因此原名报恩镇,故寺亦名报恩。元废。明洪武二年(1369),裔孙建塔寺右,弘治八年间修,嘉靖间废,万历二十一年徐氏子孙重修。"

皇帝目注徐全,问道:"徐爱卿,你这次又状告何人?""此人权大势大,罪恶滔天!""哦,你不妨说来!""罪臣要告平卢、范阳、河东节度使安禄山!"不少大臣吃了一惊,都暗暗替他担忧。李林甫认准是报复徐全的好时机,急忙出班奏道:"安千岁是吾皇和贵妃娘娘的义子,徐全以下犯上,应抓起来押到范阳,任由安千岁处死!""不可!"皇帝故作镇静地说:"王子犯法与民同罪。不知安儿身犯何罪?""安禄山节度使欺骗君王,与左相等人结党营私;坐镇范阳,招兵买马,早有篡位谋反之心;陷害忠良,坏事做绝;带大批随从来京城,路过街市,纵马舞刀,以砸坏路边地摊、踏伤百姓为乐,京城百姓视他如虎,万望皇上查实严惩!"说后,徐全伏在金阶上重重叩头,一会头叩破,涌出鲜血。李林甫见状,心中直乐,却装着一幅受委屈的样子:"皇上,安千岁没有和老臣结党营私,更没有谋反之心,老臣也从未看到安千岁纵马伤害百姓,徐全歪曲事实,罪该万死!""李卿说得好,安禄山是朕的义子,我们情同父子,相信他不会篡位谋反。徐爱卿,下不为例,万万不可听信谣言!""以上所言都有证据,纵马伤人是小臣耳闻目睹,请皇上三思。倘若不信,徐全愿辞官返乡,侍奉老母!"皇上不悦,遂说道:"准你辞官!"

徐全自此便辞官南下,隐居古下院。不久,老母病逝,徐全在墓前搭草棚守孝,又把家宅拆去,建报恩寺。多年后,徐全无疾而终,谥安正。他弹劾权贵,冒死直谏,被后人称为一代忠臣,青史流芳。

2.欧阳观勤政爱民

欧阳观（952—1010），字仲宾，今永丰县沙溪镇城南村人，欧阳修之父，其子欧阳修任参知政事（副相）之时，追封其为崇国公。历任道州（今湖南道县）判官，泗州（今安徽泗县）、绵州（今四川绵阳市）推官，泰州（今江苏泰州市）判官。他一生所任职位不高，却以其强烈的工作责任心和严谨的工作作风获得当地百姓的一致认可，是其子欧阳修毕生的为政榜样。

欧阳观画像

欧阳观家中所藏"七贤图"可谓是他一生为人、为官的真实写照。其妻郑氏在其子欧阳修踏上仕途之时，特意将图挂于房内墙上，用丈夫的话教育儿子欧阳修说："养亲不在于丰盛，重要的是体现出孝心；利民不在于广博，重要的是要有一颗仁厚之心。"欧阳观的言传身教对欧阳修日后的为政产生了重大影响。在欧阳修晚年，特意将这些"真知警句"写进了他为父母所写的《泷岗阡表》里。这方墓表，至今仍完好地保存在永丰县沙溪镇的欧阳修纪念馆里。

欧阳观入仕较晚，宋真宗咸平二年（1000）才考中进士，正式步入仕途。此时的欧阳观年龄已近五十，但他的晚来入仕并不像其他人一般就此混沌了却一生，而是成就了其一生的清名。他执着的"达则兼济天下"的儒家思想也给后人留下了一段贤士佳话。

《泷冈阡表》刻碑

欧阳观入仕以来所任官职多为州府的判官、推官，主要担任州府刑狱工作。刑狱之事历来不仅烦琐、复杂，而且涉及人命，关系重大。欧阳观正是多年来以其强烈的工作责任心和严谨的工作作风获得了当地百姓的一致认可。为了防止冤假错案发生，欧阳观对重大案件总是亲自查办，非常谨慎细微，常常废寝忘食到深夜仍在办案。在欧阳修祭奠其父欧阳观的《泷冈阡表》中有记载其母自述欧阳观的一段话：

你父亲做官之时，常在夜里点烛看案卷，但总是见他多次停下来叹气。我问他原因，他感叹说："这是一个判了死罪的犯人，我想为他求得一条生路，但却无能为力。"我问："还可以为死囚寻求生路吗？"他说："历来案件中曾有过犯人判处死刑后被赦免的例子，若在法律的范围内能够尽力为他去寻求生路，无论结果如何，死者和我都不会有遗憾了。但现今我想为死囚寻生路，却又不得，故痛惜不已。"

欧阳观对生命如此般的敬重正是儒家"仁爱"思想的集中体现。所谓"修身、齐家、治国、平天下"，第一要义即是以正心为始，唯有宅心仁厚、修身养性，方可齐家治国平天下。欧阳观如此般悲天悯人的儒家情怀在他勤政爱民的工作中得到了淋漓尽致的体现。

欧阳观为官不但勤政敬业，爱民如子，而且还十分清廉，待人豁达大度。他虽俸禄微薄，但很喜欢匡贫济困，常不顾家庭困难，备酒置菜，招待四方宾客。欧阳观在绵州任职三年，同僚们争相采购蜀地特产，他却什么也没有购置，全部俸禄用于养家待客。任满离开四川时，他只购买了一匹蜀绢，请人画成六幅"七贤图"。这是三年蜀地为官的唯一纪念物品。

"你的父亲为官清廉，虽薪俸微薄，却乐于助人，

欧母教子

广结良友,故家中积蓄常常所剩无几。"欧母郑氏在回忆丈夫时对儿子欧阳修说:"他常说的一句话即是'不要让这些钱财成为我的累赘'。"所以在欧阳观去世之后,不曾给家人留下一片覆身之瓦、一垄可耕之地。无可奈何的郑氏,只得在亲友的帮助下安葬好亡夫后,携带幼儿稚女投奔远在随州(今湖北随州)的小叔子欧阳晔。

欧阳观的廉洁勤政、清正爱民不仅成为欧阳修为政典范,而且对其妻郑氏的影响也非常深远。正是出于对丈夫的敬重,郑氏以顽强的生命发扬了欧阳观清廉本色的光辉,哪怕贫穷到无法为其子提供纸笔,也不借丈夫遗德索求于他人,而且巧用沙子为纸、以芦荻为笔,为欧阳修传授学业,将欧阳修教养成人。

3.欧阳修力除弊政

欧阳修,(1007—1072),字永叔,号醉翁、六一居士,吉州永丰(今江西省吉安市永丰县)人,北宋政治家、文学家。官至翰林学士、枢密副使、参知政事,谥号"文忠",世称欧阳文忠公。

欧阳修画像

"醉翁之意不在酒,在乎山水之间也",读过《醉翁亭记》的朋友应该会深深陶醉在欧阳修那山水之乐的惬意徜徉中。欧阳修的文名著称于世,有"千古文章四大家"、"唐宋散文八大家"的美誉。其实,欧阳修在世上的美誉远不仅仅体现在文学上,他的为政之道、为政之德,也为老百姓们广为传颂。

欧阳修出生于一个清寒的小官吏家庭,在他四岁时父亲就去世了。母亲出身江南名门望族,知书达理、勤俭持家、教子有方。在良好的家教和优秀传统文化的熏陶下,欧阳修在几十年的为官生涯中,始终清正廉洁,不谋私利,力除弊政,造福百姓。

浩然正气 Haoran Zhengqi

欧阳修纪念馆

直言敢言，刚正不阿

北宋元宝年间，范仲淹为革除弊政，扭转连年旱灾、朝廷财政匮乏的局面，向宋仁宗多次上书，主张选贤任能，并指陈官吏升迁的弊病，指斥宰相吕夷简政事积弊甚多，得罪了宋仁宗和吕夷简，还遭到守旧派官员的围攻，被贬饶州知府。朝臣纷纷上书劝谏论救，都遭到打压。身为左司谏的高若讷非但不救，还对范仲淹肆意诋毁。一时间，满朝寂静，缄口不语。

欧阳修怒不可遏，写了《与高司谏书》，痛斥高若讷，"今者推其实迹而较之，然后决知足下非君子也"，对高司谏的丑陋和卑劣行径予以痛击，"倘使范仲淹能力不及，品节不当，却能在朝为官多年，你身为朝廷谏官，岂不有失职之实？而当其为皇帝'骤用'之际并无谏讽之语，一旦官事颓败，却又刻意逐贤，不正是谄媚权贵以自保、诋毁贤人以自高吗？"更是直接戳穿高司谏虚伪、谄媚的面皮。高若讷将这封信上奏仁宗，于是欧阳修被贬为夷陵令。

欧阳修在信中还坦言："愿足下直携此书于朝，使正予罪而诛之，使天下皆释然知希文之当逐，亦谏臣之一效也。"他褒贬分明、直言敢言、刚正不阿，有着硬朗豪迈的气节风骨。

力主革新，严惩贪污

庆历三年（1043），欧阳修任右正言、知制诰。范仲淹、韩琦、富弼等人推行"庆历新政"，欧阳修积极参与革新，提出改革吏治、军事、贡举法等主张，成为革新派干将。但改革触动了特权阶级的利益，在守旧派的阻挠下，新政遭致失败。庆历五年（1045），范、韩、富等人相继被贬，欧阳修上书，极力分辩，但劝谏未果，后受人诬陷，被贬为滁州（今安徽滁州）太守。

对贪官污吏，欧阳修更是疾恶如仇，严惩不贷。庆历二年（1042），欧阳修在朝廷为谏官时，淮南转运使吕绍宁刚到淮南上任，就搜刮到十万现钱进献，以图取媚朝廷，为日后加官晋爵作铺垫。欧阳修知道此事后立即上书宋仁宗，说：吕绍宁刚到淮南，不知用何术、于何处得十万钱以进贡，如果是以国库钱进献，将来各州县必至窘迫；若是搜刮百姓所得，则百姓一定困苦不堪。坚决要求宋仁宗拒收，并派出专人赴淮南调查该笔巨款的来历。最终，吕绍宁终以盘剥百姓、牟取私利而被治罪。

所至民便，所去民思

北宋朝政"积贫积弱"，官僚机构冗员复杂，国家财力空虚，百姓不堪重负，怨声载道。欧阳修清醒地看到了朝廷出现的这些问题，他向宋仁宗呈上《原弊》《劝农敕》，主张除弊政、行宽简、务农借用，提议兴修水利、开辟荒田，促进农业发展。还建议对慢政怠官者，尽行降黜，除弊兴利，为民谋利。

欧阳修提出的"行宽简"主张，"不问吏才能否，施设如何，但民称便，即是良吏"；所以，他自己当地方官"不见治迹，不求声誉，以宽简不扰为意，故所至民便，所去民思"。意思就是说欧阳修治郡以减事为主，力求不扰民，不过多干预百姓。不扰民看似简单，其实极不容易做到。在古代，衙门里越是忙得厉害，往往越是干预过多，徒增滋扰，老百姓负担加重，最后则是民不堪命。

对比如今，现在当地方官，执政措施当然与北宋时代大不相同，而欧阳修提出的"宽简不扰"、"所至民便，所去民思"的主张似乎仍然适用，为官为政者需要深思。

▶ 4.黄龟年忠直勤谨

黄龟年画像

黄龟年（1088—1176），字德邵，号鲁颈，今吉安市青原区富滩镇固山村委会潦原自然村人。黄龟年自幼聪颖过人，好读书。十六岁时随父做官而居福建永福（今福建永泰县）。后得到永福县主簿李朝旌赏识，遂将女儿许配给他。十九岁那年，即宋崇宁五年（1106），黄龟年中进士。初任名州（河北永年县）司理参军，后官河北西路提举。任职期间，以忠直勤谨著名。经宰相吕颐浩推荐，升为太常博士。不久招为驸马，徽宗赐妹为妻。

湖南靖州市有个叫"黄覃团"的地名。追溯这一地名的由来，原来是为了纪念南宋兵部尚书黄龟年和钦差谭鳌两人。两位朝廷官员为增进民族团结，帮助少数民族人民发展，不恋高官厚禄而留居当地，与少数民族人民结下了深厚感情。其中，黄龟年为维护民族团结，巩固边少地区防御立下了不朽功勋，被当朝皇帝诏封为"兴国侯"。至今，黄覃团还一直传颂着黄龟年清正廉洁、与当地民众和睦相处的佳话。

靖康元年（1126），黄龟年升吏部员外郎，后又任监察御史、尚书左司员外郎及中书门下析正官。绍兴二年（1132），正是南宋初建之时、国难家仇之际，黄龟

黄龟年故园

年本着忠君爱国之心,弹劾南宋大奸臣宰相秦桧,与之进行了面对面斗争,还写了一份"乞削秦桧为民"的奏章。高宗看了黄龟年的奏章,十分赏识驸马的胆识,下旨对秦桧降职。黄龟年又升太常少卿、起居舍人、中书舍人兼给事中。秦桧气急败坏,欲将黄龟年削职为民,后因黄龟年皇亲国戚的身份而作罢,但他并未就此停手,而是记在心上,时时寻找机会以报私仇。十余年后,秦桧为报私仇,指使他人诬告黄龟年"勾结大臣,致身要地,图谋不轨"。高宗听信谗言,将黄龟年免职,令他回乡居住。

绍兴八年(1138),因吕颐浩的竭力援引,黄龟年被诏重新入朝任吏部尚书,后改任兵部尚书。不久,高宗又重新任用秦桧为丞相。秦桧一复出,又力诛异己,残害忠良,多次进谗,要高宗杀黄龟年,只因公主多番说服赵构而没能得逞。

不久,辰州(湖南靖州市)少数民族苗王吴太玉起义,兵丁壮勇,声势浩大,汉族农民也纷纷响应,还声称要打进京师,秦桧乘机奏明皇上派黄龟年南征平乱。高宗未觉察到秦桧的阴谋,便诏遣黄龟年南征。黄龟年率领明显、潘有月、姚北大、蒙万户四将帅出征,向辰州发兵。一至辰州,便查明了苗王造反真相。原来是辰州一财主,看上了苗王女儿吴香玉的美貌,要强纳为偏房。苗王不从,打伤了财主的家奴,财主不甘心,请官兵到苗寨杀人放火,抢夺少女,逼得苗王起兵造反。

浩然正气 Haoran Zhengqi

黄氏宗祠

黄龟年得知缘由，火冒三丈，第二天狠狠惩罚了那财主，把烧毁的房子重新建好，送还被抢去的少女，勒令财主赔偿白银一万两，安葬伤亡的士兵并抚恤家属，并革了支持财主官员的职。这一系列化解民族矛盾的做法使苗族人很是感动。苗王还将女儿吴香玉许配给黄龟年为妾，以示报恩。

黄龟年命明显、潘有月等人班师返朝，自己却留下来安抚苗人，教谕耕种养殖。他游览各地，体察民情。因情恋辰州渠阳的山清水秀，厌恶朝廷的奸佞当权及伴君如伴虎的惊恐生活，决心在渠阳定居，派人去京城接公主来渠阳安家。公主留恋宫中繁华生活，不愿到边远山区去，黄龟年无奈，只好娶苗王女儿吴香玉为妻。

宋高宗一连下了几道诏书，黄龟年忤旨不归，于是在绍兴十四年（1144），高宗派遣谭鳌至渠阳，宣读封黄龟年为"兴国侯"的圣旨，赐他留居渠阳，镇守边少地区，帮助少数民族发展，以巩固防御。黄龟年又劝前来宣诏的谭鳌也留居于渠阳。谭鳌怕获罪，便改姓换名为覃团。当地人以二人之姓为地名，这就是如今靖州市"黄覃团"地名的由来。

黄龟年隐居渠阳，淳熙三年（1176）去世。孝宗下令将他的遗骸运回京都安葬。运柩船停泊于会同县高涌时，夜间忽然狂风大作，水涨浪高，待到天明，风平浪静，而船却复泊原地。如此现象，屡次发生，家乡黄氏族人认为是神灵安排，便将黄龟年归葬靖州甘棠镇。黄龟年的墓庐,至今仍在。1987年,靖州市人民政府将黄龟年墓申报为省市级重点文物保护单位。

5.周必大忠臣勤政

周必大(1123—1204),字子充,一字洪道,晚号平园老叟,江西省吉安县永和镇周家村人。宋高宗绍兴二十一年(1151)登进士第,历官高、孝、光、宁四朝,淳熙十六年官至左丞相。嘉泰四年(1204)卒,追赠"太师",享年97岁,谥文忠,宁宗亲书"忠文耆德之碑"。后人多尊其为周益国。

周必大画像

周必大四岁父逝,一直督促他学习的母亲王氏也在他十二岁时去世了,这使得周必大青少年时期一直过着漂泊不定的生活。但其力承母志,刻苦勤学,后成为一位学识渊博之人。在其二十七岁时,周必大中博学宏词科,应召入试馆职,高宗曾读其策书后赞叹说:"真是大手笔啊。"

据记载,在宋朝300年的历史当中,登上博学宏词科的仅有34人,而周必大作为天子私人撰写大臣,很多内制、口宣、国书都出自其手。他曾长期供职于翰林学士院,温润儒雅,周尽事情,是当时词臣之首。特别是在礼仪外交的制书水平上,其所执笔的对外国书一直得到孝宗的称赏。

有一次,赵雄将携带国书出使金朝,当时朝臣们在如何向对方转交国书的礼仪一事上议论纷纷。皇帝当庭要求周必大拟定此事,周必大临时受命,镇定自若地说:"名分等级不同,故而有尊卑之分。但叔侄亲戚关系,难道还需计较是坐着还是站立?"皇上高兴地说:"我未曾告诉你国书的内容,而你却能道出我心中所想,真是真正的人才呀!"这是孝宗对周必大才能的极大赞赏。

孝宗在位期间,不轻易出师,与金定为邻好;励精图治,整顿吏治,惩治贪腐;发展生产,百姓安乐;文化兼容,百花齐放,呈现了南宋时期难有的"乾淳之治"。

周必大在其中起到了举足轻重的作用。孝宗时期为周必大官宦生涯的黄金时期，也是其纠正孝宗的政治失误用力最勤的时期。

淳熙七年（1180），时任吏部尚书的周必大参知政事，正式踏入朝廷的"政治中心"。勇于谏言的周必大经常向孝宗提出自己的意见。其自出任监察御史之后，就曾针对孝宗将个人好恶置于制度之上的弊病上疏了批评意见，孝宗虽心中不悦，但深觉有理。淳熙十一年（1184），周必大在任枢密使之后的五年中，不仅积极参与相关军事问题讨论，亲自考察军

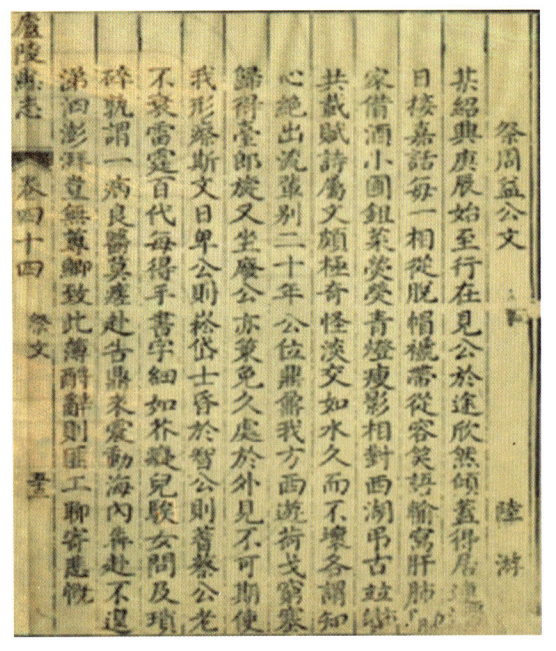

陆游为周必大写的《祭周益公文》

事实情，而且能够实质性地对朝廷军事体制发表自己的主张，并提出对策与建议。

有一次，皇上命周必大、王之奇、陈良翰等人到殿内议事，让他们评价自己持政以来的功绩。周必大直言其事，认为皇上在举用贤才的用人策略上不够完善，皇上深以为然，并厉行革除这些弊政。

在施政方针等国事上，周必大曾因谏言孝宗宠信近习两次离朝，但由于孝宗对他的信任与依赖，很快又被召回。孝宗施政，欲重用"异论相搅"的家法制度，意在通过持不同政见的宰臣之间的互相牵制来达到权力的平衡。在当时，这一制度自颁布试行后就出现了很多异声，却无人向皇上指出利弊。周必大毅然站出来向孝宗辨析，说："当年太宗储备人才是为真宗、仁宗所用，仁宗储备人才为英宗、哲宗所用。到了后来章、蔡二人打击了士气后，最终导致外族入侵之祸。而秦桧又嫉妒刻薄，驱逐人才，故其弊端一直遗留至今。希望陛下在闲暇之时能储备人才。"

孝宗每遇举棋不定的政治问题，常单独问政于周必大，周必大必能引经据典、鞭辟入里地加以分析以安君心。甚至在高宗去世的一些礼仪问题上，每当群臣意见不合，孝宗多按周必大的建议行事，由此可见孝宗对他的赏识与信任，也显示

出了周必大之忠心不二。

周必大不仅忠诚于君,而且他敢于谏言的勇气也曾多次让皇上侧目视之。在周必大暂代给事中期间,就曾针对翟婉容是否有违法令一事引经据典,竭力净言。这件事让皇上对其勇气刮目相看,感叹道:"原以为你只会写文章,没想到你竟然如此刚强正直。"有一次,与金朝停战讲和,金朝使者在朝廷上趾高气扬,在外交礼节上与大宋朝廷发生争执,周必大声正言厉地驳斥了对方的要求,并要求金国端正他们自己的称呼。这一举动让金感到非常意外,他们没想到他们眼中软弱无能的宋朝竟然还有如此刚烈爱国之士,自此不敢再小觑宋朝。

周必大不仅对国忠肝义胆,对百姓生活疾苦更是怀着一颗赤子之心去爱民、恤民。他有一次在经筵侍讲之时,听闻皇上忧心蜀地边境混乱的局面,立即谏言希望皇上能颁布减少赋税的抚令,使蜀中百姓免受疾贫之苦,也能稳定政局。还有一次,江、湖二州大旱之时,周必大为百姓奏求捐出南库钱二十万代民交税,这一举动深得皇上赞赏。同样也是一次大旱,皇上诏令臣子直言旱情,宰相恐各州郡都会乞求赈济,意约周必大上奏同反此令,周必大不以为然,认为皇上想了解民事是国之大幸,岂能因我们阻拦而堵塞言路呢?周必大心忧百姓疾苦由此可见一斑。

周必大一生忠君爱民,功绩显赫,无论是整肃军纪以强兵,或发展商贸以富国,或减赋赈灾以安民,或择人才以政修,都表现出了他极富才干的政治家才能。再加上他刚正不阿、勤政爱民的作风,更是让他声名远播。不仅如此,周必大还是一个"九流七略"无不通识的文学大家,著有约一百三十四万字的《玉堂类稿》留存于世。后人将他

明崇祯《淳熙玉堂杂记》

的遗作收集后编辑为《益国周文忠公全集》，其中的《玉堂杂记》《二老堂诗话》后来还被选入了《四库全书》。此外，周必大曾用时四年主持刊刻了《欧阳文忠公集》一百五十卷，其刻本成为后代名家私家刻书的典范。

纵观周必大之一生，虽历经坎坷，官场波折，但总体而言，周必大还是幸运的。在封建时代，他凭借着自己的才华与胆识，一直受到几代帝王的重用与信任。晚年的周必大定居吉安，所盖房屋前有青原山林，屋侧有田园数亩，生活闲适，故其又自号平园老叟、青原野夫。淡漠了世俗纷争的周必大，回归庐陵之地，其血肉与灵魂将同存于庐陵这一片天地之中。

6.张钢廉明勤勉

> 张钢（1142—1201），字德坚，号绍祖，又号净觉，永新城东横江人。宋淳熙八年（1181）中进士。历任静江府司户、广州司理参军、常德教授、永平县令、福州通判，还朝为宗正丞。后奉调郴州知州，未赴，病故。

张钢从政，一向以"廉明"自勉。他认为"廉"字容易做到，只要不贪就行了。而要明于处事，昭然断案，则必须心底无私，且勤勉勘察，透过现象细究其本质，方能不讹不谬、不偏不倚。其诗作有句："好月方端正，闲云任去留"，就表达了他这种思想。

张钢到静江府任司户时，灵州有一桩杀人案，因证据不足，久延未能判决。时间一拖长，尸体腐烂，连仵作也感到恶心。张钢随仵作一道，不顾尸体散发的臭味，仔细验看。围观的群众无不掩鼻，张钢却目光炯炯，不放过任何一处。遍体似乎毫无伤痕，疑凶暗自庆幸，以为可以如前抵赖。张钢叫仵作解开死者发髻，细察头部，果然发现一颗细长铁钉钉入颅内。凶手服罪。

任广州府司理参军时，当地有王、叶两大富户。王氏一个婢女暴毙，有人向府帅举报，怀疑她是被主人虐待致死。府帅命令逮捕王氏审问。张钢说："富贵人家虐待奴婢致死的事确实常有，但举报人只是怀疑，未提出证据。没有证据捕人

于理不合,请让我调查后再行定夺。"府帅同意。经调查,此婢女因痧症猝发而死。府帅明白自己若下令逮捕王氏,未免草率,对张钢处事审慎暗自赞许。

有一天夜里到了宵禁时间,正要关闭城门,有几个人闯了进来。守门士兵瞥见其中一人是叶家仆人,便拦住他索贿。叶家仆人说:"我随他们几个人一道进城,怎么他们不要出钱,单问我要钱,是何道理?"争吵不下,守门士兵便将叶家仆人扭送帅府,说他犯夜禁,请府帅发落。府帅性子急,闻言大怒,下令将叶仆囚禁。张钢随守门士兵到城门处询问详情,方得知正当关城门时曾闯进来多个人,叶仆尾随最后的一个,便责问守门士兵道:"几个人闯关,你不拦带头的人,反而抓尾随者,是不是因为叶家有钱呢?"守门士兵无话回答。张钢将情况禀报府帅,府帅于是便下令释放叶家仆人。叶仆回家后将此事告知主人,叶氏对张钢如此秉公办事深深敬佩。后来张钢乘船过石门,叶府派管家上船晋谒,赠一匣金银以表感谢与敬佩之意。张钢婉拒不受。

张钢任常德府教授时,发现城北唐代开凿的可溉田五千顷的渠道,早已堤堰倾圮,不能灌溉已达数十年之久。这事本来与他的职责毫不相关,但他觉得如此大好水利工程任其毁坏,于国于民实在可惜,便将情况报告常平薛伯宣,薛令张钢筹划,令武陵县尉负责施工,筑陂堰300里。天旱开闸引水,遇涝则关闸蓄洪,数千顷稻田又得以旱涝保收。

永平县(今云南大理州西南部)生产原始落后,百姓异常贫穷。乡民勇悍好斗,

经常互相仇杀。张钢任县令时,威恩兼用,革除征索科罚,严禁吏卒扰民,在江河上面架设浮桥以利交通,使边境物产能够外运,经济得以发展。当地风俗信巫鬼,有病就杀牛祭神。张钢教育百姓有病就医,陋习渐改。调离时,邑人及瑶族首领赴帅府请留,得不到允许,只得涕泣送别。

庆元二年(1196),张钢任福州通判。事无巨细,无不认真对待,深入调查研究。凡所经办,知府一概言听计从。一府12县,治理得井井有条,政绩卓著,上级奖励200万楮币,他分毫不取。

尚书郑丙清曾说:"好官像张钢,岂可用势利动真心?!"此话,是对张钢的确切评价。

▶ 7.欧阳守道正廉兴学

欧阳守道(1208—1273),字公权,一字迁父,初名巽,号巽斋,吉安县永和镇人。幼年丧父,无钱入塾读书,乃自学成才,30岁即为乡里儒宗。宋淳祐元年(1241)中进士,初授于都县主簿,后任赣州司户。淳祐二年(1242)被聘为白鹭洲书院讲学,后任山长执掌院事。宝祐元年(1253)受聘任岳麓书院山长,次年回白鹭洲书院。景定元年(1260)被荐为史馆检阅,后授秘书省正字、著作郎兼崇政殿说书。咸淳三年(1267)诏任建昌通判。咸淳九年(1273)病逝,享年65岁。

欧阳守道品行正直,学识渊博,为政清廉,培养了文天祥、刘辰翁、邓光荐等许多人才,有《巽斋文集》27卷、《易故》27卷及《宝朝通鉴长编纪事本专》《经筵讲义》存世。

办学开风气之先

1242年秋,白鹭洲书院开学。学生们端坐一堂,等候新聘的先生欧阳守道来上课。对于这位新聘的欧阳先生,学生们早已议论了好几天,早听说是"庐陵名儒,进士出身",这么大名气的先生,该是怎样一个老头儿呢?这时,学生们静了下来,只见一位年轻的先生,长袍纶巾,气宇轩昂地走进教室,用深邃的目光朝全体学生一扫,声若洪钟地说道:"本人欧阳守道,今后将与大家一道研习学问。"随即便取出手绘的四张画像,挂于堂前,转身问学生:"有谁认识这四位先生?"当时没有摄影录像技术,学生们对四位先生自是无法分辨。欧阳守道指着画像,一一介绍:

白鹭洲书院

"第一幅画像是我庐陵(今永丰县)欧阳修前辈,为本朝文坛宗师,著名的政治家、史学家、金石学家。散文上承唐势,下启宋风,为古文运动的旗手;诗词既承清疏隽永、蕴藉沉厚之风气,又开豪迈刚健之先河。欧阳前辈为官至参政知事(副宰相),宽简爱民。独编《新五代史》,统编《新唐书》。作《集古录》,集录夏、商、周三代以来金石遗文1000卷,为空前完整的金石大手册。"

"第二幅画像是我庐陵(今吉水县)杨邦乂前辈,学识渊博,秉行高洁。建炎三年(1129)九月除建康军提领沿江措置使。十月,金人兵陈长江,建康知府不战而降。杨前辈领兵与金兵鏖战，寡不敌众被俘。被俘后，他咬破手指在自己衣襟上写下血书：'宁为赵氏鬼，不作他邦臣。'面对金将完颜宗弼的劝降，杨前辈以头撞柱，喝道：'若辈乱华，天宁久假。若行磔矣，安得污我！'竟被宗弼割舌剖胸剜心，壮烈牺牲。"

"第三幅画像是我庐陵（今青原区）胡铨前辈，官至枢密院编修。本朝绍兴八年（1138），奸相秦桧决策主和，胡前辈奋笔书《戊午上高宗封事》，直斥秦桧卖国求荣的险恶用心，声明自己'不与秦桧共戴天'，请求高宗皇帝砍下奸臣秦桧、王伦、孙近的头以谢天下。这篇奏疏，使奸佞胆落、勇者服、怯者奋。金人以千金购得此文，读后'君臣失色'，连呼'中国不可轻！'。"

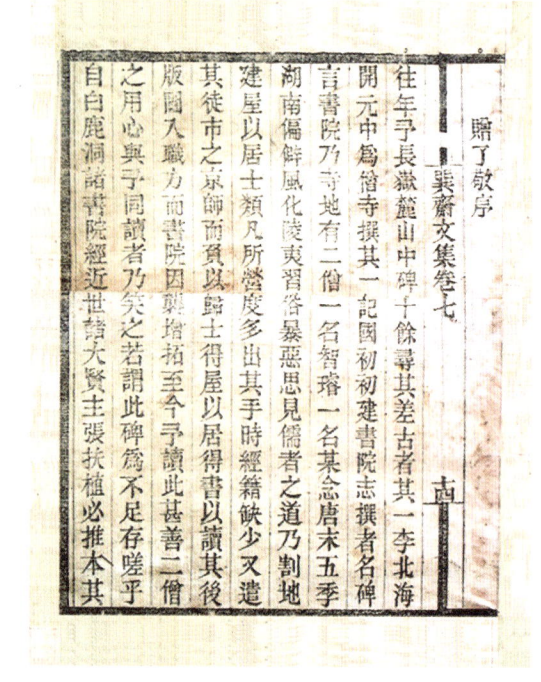

欧阳守道《赠了敬序》拓片

"第四幅画像是我庐陵（今吉安县）周必大前辈，官至左丞相，同时又是一位大学问家。任宰相八年，强兵、富国、安民、修政，立朝刚止，忠心谋政，勤奋治事，风虎云龙。晚年致仕后，致力于胶泥活字印刷术的发展，刻印《欧阳文忠公集》和《文苑英华》最为著名。"

"这四位前辈，乃'庐陵四忠'。当今国家积贫积弱，学子们务以此四前辈为楷模，立志养气，求为有益于世用。求真务实，为国家民族建功立业。"

欧阳守道一席话，使全体学生泪眼滂沱。此后，欧阳守道以其渊博学识，向学生横经论道，学生深为折服。

一月后，欧阳守道出题《论天下大势》，让学生作文。其时，金国已被蒙军所灭，但蒙古太宗窝阔台死后，蒙古大汗更迭频繁，一时无暇进攻南宋。暂时的平安，使南宋的经济有所恢复，于是许多人忘乎所以，奢靡之风重炽。一些学生在作文中大放赞歌，歌颂皇帝如何英明、社会如何繁荣的四六句长篇大论，滔滔不绝。

对此，欧阳守道在作文课讲评中画出南宋当时的地势图，要学生讨论攻守外敌之策。大放赞歌的那些学生都瞠目结舌，回答不上来，但多数学生都纷纷发言，直陈要害。欧阳守道在课堂上详细分析了当时敌我双方态势，指出当时的南宋，已"岌岌可危"。唯有富国强兵，主动出击，才能保卫家园，收复失地。最后，欧阳守道语重心长地指出：高谈阔论，"于身心则无得，于天下国家则无用"。

不久，吉州知府江万里任命他为山长执掌院事。欧阳守道先后在白鹭洲书院执掌院事17年，儒、释、道、兵、法、阴阳、医、纵横诸家莫不讲习。他注重培养学生品格和务实学风的教学思想，使白鹭书院的学生在科考中能切中时弊，为富国强兵提出好的见解，首开吉州良好学风，使白鹭洲书院享誉天下，影响和促进了庐陵人忠直不屈品格的形成。

为官正廉

宋淳祐元年（1241）冬天的一个夜晚，已交五更，赣州司户欧阳守道仍在卧室里昏暗的烛光下来回踱步。是什么事情使这位新上任的司户深夜难眠呢？

原来，当时的赣州虽设了府，但府衙真正管辖的只是府治附近及于都等地的部分人口。深山老林中的很多居民被称为"蛮陌"，官府人等从不曾涉足其中。一些大户巧取豪夺平川良田，建立庄园，雇用长工，并豢养打手，独霸一方，盘剥深山老林中的居民。大户们不仅强迫他们交钱纳粮、出工出力，并掌握着他们生杀予夺的权力。官府对此视而不见。一天，一70多岁的大户户主为病死的儿子强

纳"蛮陌"人家的少女为妻。欧阳守道被邀至喝"喜"酒，目睹少妇自杀、鲜血淋淋的惨状，他陷入了深思。

第二天，一个"化被蛮陌"的方案已经成熟。点卯时，欧阳守道向知府递交了一份深入"蛮陌"之地，逐户登记漏登人口的报告。知府因久受大户牵制而气恼，正愁无人做事之际，就答应了他的请示。于是，欧阳守道亲自带吏员到深山老林中，一边逐户登记人口，一边宣讲"皇道"，将"蛮陌"之民纳入官府管辖范围，并遏制大户势力。为此，欧阳守道得罪了大户，累遭谤毁，但他不为所动，依然大刀阔斧地将这件事做到底。次年，欧阳守道被迫离开司户职位，到白鹭洲书院讲学，但"化被蛮陌"之德，永为人民传颂。

欧阳守道未中进士前，吉州府有一个贤良的知府被一些大户诬告为贼，并向上边施以厚礼，结果被上边一个贪官以"贼"名将其冤杀。恰好这一年大旱，大家都去祷雨。欧阳守道说："没有什么可祈祷的，雨神就是前知府。遭冤枉莫过于前知府，前知府的冤枉不昭雪，祈祷有什么用？东海的一个匹妇蒙冤，结果大旱三年。一个知府蒙冤，灾害岂能小？！"欧阳守道反复对来祷雨的人如是说，却引来他人笑其迂腐，可他并未改变他的想法，后来知府的蒙冤终于得到昭雪。

当时宋朝的科学技术、文化艺术、经济实力虽空前发展，但却总是积贫积弱。究其原因，就在于从皇帝到仕民，都崇尚纸醉金迷、肉林酒池的生活。南宋虽然偏安一隅，但奢靡之风不减。欧阳守道到朝廷任校书郎兼景宪府教授，见到奢靡之风日甚，便向皇帝上了一封奏疏，要求"卑宫室、菲饮食"，并在疏中表明自己"化之以廉"、"不厚无益之藏"的决心。这下可捅了马蜂窝，满朝官宦对他纷纷毁谤。皇帝竟然因此还罢了他的官。当时的欧阳守道一个人挑着仅有的两箱书，步行从钱塘门逶迤归家。

后来，欧阳守道又担任过建昌通判、著作佐郎兼崇政殿读书、兼权都官郎官、著作郎等官职，无论是日常开支还是吃饭、宴请，都十分节俭，从不收取俸禄之外的一分钱财，皇帝都为之动容。

欧阳守道于65岁逝世于任上，当时家里没有一分钱，只能由亲戚、朋友、学生凑钱安葬。

▶ 8.文天祥浩气长存

文天祥画像

文天祥（1236—1283），字宋瑞，又字履善，号文山、浮休道人。江西吉州庐陵（今江西省吉安市青原区富田镇文家村）人。宋末政治家、文学家、爱国诗人。抗元名臣，民族英雄，与陆秀夫、张世杰并称为"宋末三杰"。宝佑四年（1256）状元及第，历任签书宁海军节度判官厅公事、刑部郎官、江西提刑、尚书左司郎官、湖南提刑、知赣州、右丞相等职，封信国公。于五坡岭兵败被俘，宁死不降。至元十九年（1282）十二月初九日，在柴市从容就义。

文天祥出身书香门第，父母都曾受过良好的教育，母亲曾氏贤慈明理，经常以先哲良言训子；父亲文仪，深明大义，特别喜好读书，精研经史百家，对文氏兄弟教管甚严。文天祥在良好的家风熏陶下，自小抱负宏大，树立了爱国爱民思想，为官后清正廉洁。在物欲横流、尔虞我诈、利己自私、明哲保身思想充斥的封建官场，文天祥用特立独行的言行诠释了他爱国爱民的情怀，成为流芳千古的民族英雄。

一担蒲扇传清名

咸淳十年（1274）正月，任湖南提刑的文天祥调回江西任赣州知府。他于二月初回到庐陵，准备回家乡富田稍作休息便携家眷赴任。当文天祥走到离富田20里远的冷水坑时，远远就看见一位姓胡的旅店老板在路边相候。

这位胡老板是文天祥父亲文仪的好友。平常，文仪帮过他不少忙，胡老板很感激，常邀文天祥兄弟来他家做客。之前进京赶考时路过这里，父子三人更是受到了胡老板的盛情款待。上一次文天祥因罢官回乡，心情郁闷，只跟胡老板打了个招呼就走了。这次不同，文天祥做了赣州知府，心里高兴，决定进去看望胡老

板一下。小山村里的人听说状元公文大人来了,都过来打招呼。众人看见那一溜的行李担纷纷小声猜测:

"一定是金银财宝!"

"那肯定是了,你们没听说'一年清知府,十万雪花银'的话吗?何况文大人做过几任提刑和几任知府,金银珠宝还能少吗?"

还有人悄悄地拉了胡老板衣角说:"文大人只要送一担珠宝给你,你几代也吃不完哦。"

胡老板瞪了一眼这人,说:"别乱讲!文大人可不是贪官污吏之辈。"其实,胡老板心里也在打鼓,猜测行李里面有可能真是金银珠宝。

文天祥听在耳里,瞧在眼中,笑着说:"老伯!我平日受你的恩惠不少,小侄虽然为官多年,实在是淡泊度日,拿不出什么好东西来答谢老伯。这样吧,您去行李担里随意挑一担,无论您挑到什么,我一定相送!"

胡老板觉得很不好意思,极力推辞。文天祥诚恳地说:"老伯!您就去挑一担吧,也好了却小侄的一番心意!"

胡老板无奈,按住激动的心情走上前去,左瞅瞅,右提提,拣了一担最轻的行李,说:"就这担吧。"

文天祥命随从打开，胡老板及众人一看，都惊叫："啊！是一担蒲扇！"

文天祥又笑着说："老伯！如果您不中意，还可以再挑另一担。"胡老板心里后悔死了，自己怎么这样背时，偏偏选中了一担蒲叶扇子呢！想归想，他还是两手直摇："不行！不行！有这担老伯我就心满意足了，我哪能再贪得无厌呢？"

文天祥说："老伯！实不相瞒，这些行李里装的都是些我平日的洗换衣物和一些旧书，这担蒲扇还是我临行前买的，准备回家送给亲朋好友的哩。现在，就请您老收下吧！"

胡老板听了，十分惭愧，立即高声对众人说："文大人真是为官一身正气、两袖清风啊！可敬！可佩！乡亲们，你们每人拿一把回家去扇扇凉吧！"说完，忙举手一把一把将蒲扇相送给乡亲们。

一担蒲扇，不仅突显了文天祥的廉洁之风，其为官清正的美名也迅速地传扬开来。

忠义贯日月

"人生自古谁无死？留取丹心照汗青"，至今，我们仍记得他留下的悲壮诗篇。他，是文天祥，一介文弱书生，以自己无缚鸡之力的双手去和蒙古人抗争，他毁家纾难、大公无私，他两袖清风、清正廉洁，他忠贞不屈、视死如归。他在狱中写下《正气歌》，"天地有正气，杂然赋流形"，以"生死安足论"之气概，彰显了光辉的爱国精神与浩然长存的正气。

毁家纾难，大公无私

1275 年，元军兵分三路大举攻宋，宋太后《哀痛诏》传达各地，要求"文经武纬之臣，食君之禄，不避患难……起诸路勤王之师"，并特别给江西提刑兼知赣州的文天祥一道专旨，令他疾速发兵，奔赴京都。文天祥在赣州发起了抗击元军总动员，两个多月，招募了 5 万多义军。军饷一时难以筹措，文天祥就与母亲商量，变卖了家中的田产和值钱的东西以充军费。有人说："元军人那么多，你这么点人怎么抵挡？不是虎羊相拼吗？"文天祥说："国家有难而无人解救，是我最焦虑的事。我力量虽然单薄，也要为国尽力呀！"后来，南宋统治者投降元军，文天祥仍然

文天祥赣州起兵勤王图

坚持抗战。他对大家说:"救国如救父母,父母有病,即使难以医治,儿子还是要全力抢救啊!"

两袖清风,清正廉洁

年轻时候的文天祥,"体貌丰伟,美皙如玉,秀眉而长目,顾盼烨然",他家中还有余财,"性豪华,平生自奉甚厚,声伎满前",可以想见,文天祥曾经是一个放荡不羁的翩翩美少年。然而,面对蒙古人的入侵,他毅然决然地舍弃了荣华富贵、安逸享受,坚决地走向战斗最前线,捍卫祖国的尊严。这正是他的难能可贵之处,在无数文人还在安于享受,甚至逃窜保命之时,他置国家大义于前,只为尽忠报国。在他的为官之路上,更是不慕荣华、清正廉洁。

忠贞不屈,视死如归

文天祥从散尽家资招兵买马起兵抗元时,就下了必死的决心,被俘后,面对元人无数次的劝降与诱惑,他都表示坚决不降,只愿死。

"我为宋尽忠,只愿早死!"

"今日文天祥至此,有死而已,何必多言!""止欠一死报国,刀锯鼎镬非所惧也！""我为宋宰相，国亡职当死，今日被擒，法当死，复何言？""一死之外，无可为者。""我只求速死，不当久生。""惟可死，不可生。""但愿一死足矣！"连9岁的南宋小皇帝赵㬎也被拉来劝降，文天祥跪地，痛哭流涕连道数声："圣驾请回！"其两个心爱的女儿和妻妾被元人掠为奴，过着悲惨的生活，只要他肯降，就可救出妻女与自己共同享受富裕的生活。但这些都没有改变文天祥不降的决心，文天祥心如刀割，在给妹妹去信时说："人谁无妻儿骨肉之情？但今日事到这里，于义当死。可令柳女、环女好做人，爹爹管不得。泪下哽咽，哽咽！"

王曾瑜在《天地有正气　凛烈万古存》中说道："文天祥忠于自己的信念，抛弃优裕的生活，毁家纾难，承受着身与心的双重折磨，义无反顾地走向生命的尽头，其民族气节辉耀千古，令后人世代景仰。我常想着鲁迅先生在《记念刘和珍君》中的话：'真的猛士，敢于直面惨淡的人生，敢于正视淋漓的鲜血。这是怎样的哀痛者和幸福者？'文天祥就是这样一位真的猛士。中华民族曾经有过多么崇高的历史伟人，让文天祥倡导并身体力行的爱国浩然正气传之万代。正如他在《正气歌》中所说，'天地有正气'，'凛烈万古存'。"

文天祥为收复江山呼号奔走，历经多少艰辛，发出了回天无力的感叹。他用单薄的身躯、一腔热血，照亮了后人来时的路。他在遗书中写道："孔曰成仁，孟曰取义，惟其义尽，所以仁至。读圣贤书，所学何事，而今而后，庶几无愧。"如今，在文天祥的家乡吉州郡学里，他的遗像被挂在了先贤堂，让后世子孙瞻仰。家乡庐陵还为他建立了"文丞

文天祥就义图

相忠烈祠",为后来人的楷模,为庐陵人的骄傲。

9.刘崧克己奉公

刘崧画像

刘崧元(1321—1381),字子高,原名刘楚,号槎翁,元末明初文学家、政治家,江西泰和珠林(今属江西泰和县塘洲镇)人,江右诗派的代表人物,官至吏部尚书。代表作品有《槎翁集》《职方集》。他擅长写诗,豫章人推崇他为"西江派"之宗。卒年六十一岁,谥"恭介"。

刘崧自幼家境贫寒,但努力向学,史载他七岁能诗。《明史·刘崧传》中说:"家贫力学,寒无炉火,手皲裂而钞录不辍。……崧幼博学,天性廉慎。"刘崧寒冷时抄录文章,没火御寒,手皲裂,但丝毫未停止。刘崧一直坚持着读书,即使为官之后,每当黄昏其他官吏退下后,他仍常常孤灯读书,通宵达旦。刘崧于元朝末年乡试中举,洪武三年(1370)被举荐为经明行修。太祖特在奉天殿召见了他,并授予其兵部职方司郎中。

刘崧奉命到镇江征粮时发现镇江有许多勋臣的田地,租赋都由百姓承担。为此,刘崧竭力向朝廷请求减免百姓的负担,因此被晋升为北平按察司副使。在任期间,他还采取了轻刑省事的措施,召集流亡,让百姓重新安居乐业。他还设立文天祥祠于学宫之侧,并在学门前石头上刻字,告示府县不要以徭役拖累百姓。刘崧曾请求减少偏僻之地的驿马,以此来充实宛平,太祖同意了他的奏请,并对侍臣说:"驿传劳逸不均已经很久了,刘崧能意识到这个问题,统治百姓难道不就是要如此吗?"

刘崧后因遭到胡惟庸的排挤,被贬为输作,没过多久,又被遣回乡,政治生涯也告一段落。洪武十三年(1380),胡惟庸被诛杀,刘崧应召为礼部侍郎。此后,又升为吏部尚书。当年发生了雷击谨身殿之事,太祖召集群臣论施政得失,刘崧叩头,以"修德行仁"对答,让太祖很满意。过后不久他辞官,仕途再次陷入低谷。

刘崧诗《题飞霞图》

第二年三月，他和前刑部尚书李敬一并入召。太祖任命李敬为国子祭酒，刘崧为司业，并赐给刘崧鞍马，令他朝夕相见。不久刘崧得病，但仍然坚持强撑着坐起来训导诸生。病重时，李敬问他可有什么说的？刘崧说："天子派我教导国子，责令我完成任务，可惜这么快我就要死了！"他在最后都在关心着国事，没有一句话谈及家事。太祖为之悲戚，命有关部门为他安排殡殓，并亲自作文祭奠。

刘崧的清正廉洁、克己奉公正是今天我们学习的榜样。

10. 杨士奇端谨守正

杨士奇（1366—1444），名寓，字士奇，号东里，以字行，江西吉安泰和人，明代政治家、文学家，"台阁体"诗派盟主。幼年失怙，有志于学，青年时广结才俊，研讨史文。建文帝时举荐入翰林，成祖时官至左谕德兼侍讲，仁宣时期擢升礼部侍郎兼华盖殿大学士，兼兵部尚书，成就了明朝的"仁宣之治"，英宗时，进封少师。英宗正统九年（1444）去世，历五朝，年八十，追赠左柱国，谥"文贞"。

杨士奇画像

浩然正气 Haoran Zhengqi

杨士奇为内阁辅臣四十余年，首辅二十一年。居身高位时间之长，在明朝阁臣中是绝无仅有的。这种际遇与他端谨守正的操守和卓越的政治才干是分不开的。这种儒家忠贞大度的道德精神及其谦慎清廉的治国之术，让他深受朝廷的倚重，并在朝臣间享有很高的政治威望。

忠贞大度，仁爱贤德

杨士奇少时贫困，自小聪颖异常，资质颇高。青年时游历湖南、湖北各地，著书立说。这样的阅历让杨士奇在以后的政治生涯中更加关注民众疾苦和社会矛盾，从实际出发去解决问题。为官之后的他，忠贞大度，是明朝历代帝王推行儒家"仁政"思想的忠实支持者与践行者，对成祖朱棣进行的"性善"启沃影响很大，更深受仁宗的器重。其言行影响着君王们，使得他们对自己的行为有所节制，以宽仁大度待人而不至于过度偏执酷虐。同时，他人若有非原则性重大过失，杨士奇都会为之掩护，以平政局。广东布政使徐奇任职西南时曾赠当地特产给内廷官员，有人将受赠人员名单呈给皇帝。明成祖召杨士奇询问始因，杨士奇解释原因并坦言馈赠礼仪之事并无他意。明成祖听从于他，烧毁了名单，不予追究。

明仁宗因曾在太子监国时与御史舒仲成结下仇恨，即位后便想治其罪，杨士奇据理力争，以帝王之信说服皇上效仿汉景帝，仁宗深以为然，于是打消此念头。

《杏园雅集图》记述了杨士奇、杨荣、杨溥及画家等十人聚会之情景

另曾有人奏言大理寺寺卿虞谦言事不密，仁宗听闻大怒，欲降其一级。杨士奇立即为虞谦鸣白，虞谦才得以恢复原籍。又大理寺少卿弋谦也因言得罪，杨士奇直言弋谦是应诏陈言，若因此获罪，恐此后群臣再不敢谏言。仁宗听从并立升弋谦为副都御史，且下敕引过自咎。

杨士奇如此这般为国为君选才用才惜才，其宽厚仁爱精神深受众多官吏称颂。当时同朝吏部尚书王直就在《少师泰和杨公传》中记载："（杨士奇）所举贤才，列于中外者五十余人，皆能正己恤民。盖公取人必先德行而后才能，无问识与不识，博询于众而信乃举。"更有一次尚书李庆建议将军队中空余部分的马匹分发给地方官员，便可每年向地方征收所产下的马驹。杨士奇听闻便上言："若此举一出，便会令天下士子寒心，朝廷选贤任能，授予这些有为之士官职俸禄，并非是用来豢养牲畜，这样重视牲畜而轻视士子，用什么给天下后世的人树立榜样呢？"后经杨士奇再三坚持上疏，皇上方同意并亲自颁发圣旨取消了这一做法。

杨士奇为政一直强调儒家"仁政"思想，反对征战，提倡以"休养生息"治国治民。一次仁宗将一位大臣歌颂太平盛世的奏章示与群臣，群臣都深以为然。唯有杨士奇进言称仍有很多因靖难所牵连的流徙尚未归乡，战争所导致的疮痍尚未恢复，百姓仍然为温饱担忧。他建议国家应当继续休养生息数年，太平盛世才能呈现。仁宗表示极大赞同，并大赞杨士奇之心忧百姓之苦。同年四月，赐杨士奇玺书以表彰其贤德忠贞。只有实行仁政，才能得民心；得民心，方得天下。这种"保民而王"的主张，正是杨士奇对孟子"民本"思想的继承。

杨士奇曾说过，"天下万世之事当以天下万世之心处之，如有一毫出于私意，不论厚薄，皆当获罪神明"，其正是时常怀抱一颗谨言慎行之心，宽厚大度，对国家君王忠贞不渝，才获得了帝王与众多同朝官士的认可和赞许。

清廉节俭，体恤民生

杨士奇为官清廉，提倡节俭以恤百姓。仁宗初登帝位之时，杨士奇曾谏言皇上应以永乐年间屡兴军役、民力衰竭为鉴，节俭兴国，减少朝廷用度，不劳民伤财。仁宗于是让杨士奇草诏，下令将下西洋所需的宝船，及本应往云南所取的宝石，在交趾采办的金珠以及去撒马儿等处买取的马匹和其他采办烧铸进贡等诸多事项，

浩然正气 Haoran Zhengqi

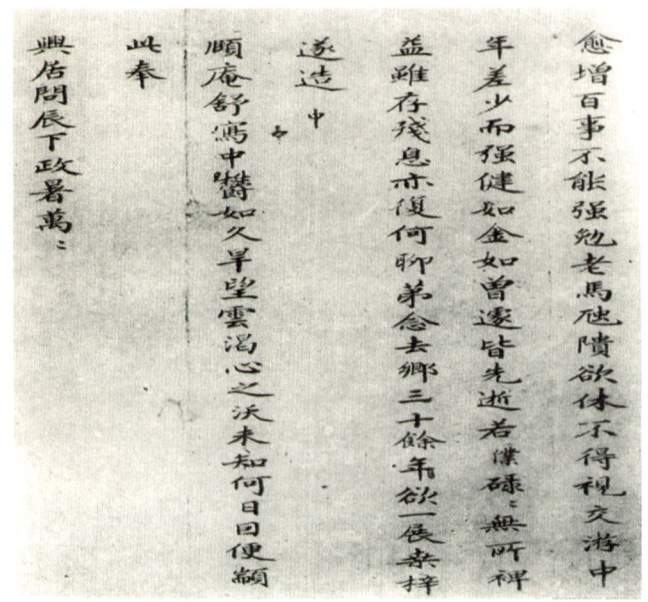

致颐庵先生尺牍 纸本（楷书）

全都停止买办。九月，其他如"丹漆、石青之类……其一切禁止"。洪熙元年（1425）四月，"停罢一切官买物料"。五年（1430）二月，杨士奇上宽恤疏，请"宽马畜，免薪刍、蠲采买、恤刑狱、核工匠、清粮运数事"。诏书颁发后，百姓欢欣鼓舞，皆为称颂。

杨士奇任礼部侍郎兼华盖殿大学士之时，有一次，他遇到奏事未退的蹇义、夏原吉，说到皇上前两日下诏要减免岁供，却见薪司又征枣八十万斤，这与前诏相矛盾，深为此虑。仁宗听到杨士奇的这番言语后立马下令减免征枣一半。又有一次，朝上群臣正商议元旦事宜，吕震极力请求用乐，杨士奇与黄淮认为此举不可，遂上疏劝阻，未得到仁宗同意。后杨士奇在庭中等至晚上十点，再次上奏，明仁宗最后终于同意了。一天以后，明仁宗召对杨士奇道："吕震每次误我，如果不是你等人的进言，我早追悔莫及了。"于是命杨士奇兼任兵部尚书，同食三份俸禄（内阁、翰林院、兵部），杨士奇则辞去兵部尚书的俸禄。

杨士奇不仅具有治国之才，而且还是一位出色的文学大家。在他的《东里文集》《东里别集》《东里续集》中收集了大量他的记、序、题跋、墓志铭、诗歌等作品。其诗文更是号为"台阁体"。正是如此出色的文笔，才使得杨士奇在从政期间能够挥洒自如地撰写许多以帝王名义发出的重要制、敕、谕，高效处理政事，深受帝王信赖。

杨士奇大度清廉，忠于职守而又勤于政事，为明初治国盛事作出了杰出的历史贡献。他自撰的墓志铭正是其一生之忠实写照："越自授官，所觊行道，心存国体，志在济人。惟理无穷而学植未充，事有至难而智虑弗逮，故进慕陈善，退勤省躬，

而施以公,而守以约。始终一意,夙夜不忘。"《明宣宗实录》评价他:放之平日,盖无愧其言云。"

11.周忱公心体国治财赋

周忱(1381—1453),字恂如,号双崖,吉水月冈(醪桥鹤薮村)人。明朝前期名臣,以善理财知名。永乐二年(1404)登进士第,补翰林院庶吉士。翌年进文渊阁,寻擢刑部主事,进员外郎。洪熙元年(1425),迁城府长史。宣德五年(1430),授工部右侍郎,奉命巡抚江南,总督税粮。在任二十二年,常私访民间,询问疾苦,解民困。累官工部尚书。晚年遭诬诟罢职,致仕归家。景泰四年(1453)卒,年七十三,谥号"文襄"。著有《双崖集》等。

周忱画像

在阳明书院首次开讲仪式上，吉水籍著名作家江子曾提到过钱粮专家周忱，他到底是何许人也？

周忱"有经世才"，但在郎署沉浮了二十年，朝中没有人赏识他，唯有太师夏元吉认为他是个奇才。宣德初年，有人推荐周忱做郡守，夏元吉说："此常调也，安足尽周君？"

宣德五年九月，宣宗认为，天下财富，多年未理，江南最甚，仅苏州一郡，欠粮近八百万石。原来吴地是张士诚的天下，朱元璋于建国前（1367）剿灭了他，但吴地人竟然偷偷立私庙祭奠张士诚。朱元璋为此大为震怒，定下了极为苛刻的惩戒：江南不论官田民田，世代承担苛刻重税。江南重税，是其他地方的几倍甚至几十倍。此时，宣宗"思得才力重臣往厘之"。在大学士杨荣的举荐下，周忱任工部右侍郎，巡抚江南各府，总督江南税粮。

周忱雕像

周忱一上任，有人就给他取了一个绰号"周白地"，讽刺他所管辖的地方是一片荒地。但他并不生气，还满怀信心笑着说："今年呼我周白地，明年教汝米铺地。"

为了摸清情况，周忱独自一人，到处巡访，一路上，人烟稀少，土地荒芜，伛偻提携，乞讨逃难。原来是赋税太重，每年除交粮赋外，还额外交给粮长几百斤谷子，粮赋运费损耗，有权有势的大户人家不肯交，粮长就摊派到百姓身上，百姓负担不起，只能逃往外地谋生。田园撂荒，无人耕种，久而久之，粮赋越欠越多。有些地方，没有粮仓，粮长把收来的谷子，堆在自己家里，大斗进，小斗出，加重了百姓的负担。

了解情况后，周忱果断采取对策。一是实行平米法，对富豪、平民的土地，平均加上运费损耗，"令出耗必均"。二是奏请工部，统一铸造铁斗，发往各地，作

周忱墓

为收粮标准器具,收粮时,派官员监督,防粮长之大入小出贪污。三是将官田粮赋,从二百六十二万石减少到七十二万石,极大地减轻百姓负担,让百姓不再去逃难。四是改革运粮办法,他和漕运总督商定,江南税粮由漕军运送,耗米节省大半。五是把旧粮长正副三人精简到正副各一人,既减轻了百姓负担,又防止了粮长的贪污。六是改革官员俸禄发放制度。原先百官月俸都发给俸贴,凭帖在南京领取禄米,再折换银两。南京米贱时,俸米七八百石只能换白银一两。他则让官田折银缴纳,每年充米四石,解京兑俸。如此,一举两得,收到了"民出甚少而官俸常足"的效果。

六项举措实施,使苏州第二年获得了大丰收,"周白地"果然变成"米铺地"。周忱因此功擢户部尚书,后改任工部尚书,仍然巡抚江南。"其治以爱民为本",丰收不忘灾年。宣德七年(1432),苏州一带粮食大丰收,周忱下令,各地平价收购粮食,以防荒年,仅苏州就收到大米二十九万石,还收集大米七十万石,建立"济农仓",对遇天灾人祸的,或家庭生活困难的农民,给予救济,参加兴修水利的民工,予以补偿。这些举措,深受百姓欢迎,外出逃难的百姓,不断返回家中,农业生产又轰轰烈烈地开展起来了。

周忱"性机警,钱谷巨万,一屈指无遗算"。他有天天写日记的习惯,把每天做的事情都记下来。一次,周忱派人去送粮赋,过了几天,那人跑回来说,这次送粮赋,过长江正遇到大风,粮赋全部翻到江里去了。周忱打开记事本,上面写道:"今天晴天,阳光和煦,风平浪静。"周忱对那人说,那天江面无风,怎么会翻船呢?那人十分恐惧,如实招了。原来他们把粮赋高价卖给百姓,私分了赃款。周忱查明事实,追回赃款,惩罚了那人。

"然当时理财者，无出忱右。"景泰元年（1450），周忱被人弹劾，代宗"命李敏代之"，并告诫他，不要轻易周忱的办法，但粮食贮备越来越少，后来苏州一带发生特大饥荒，道路上饿死的人到处都是，逃难的百姓和原来一样，"民益思忱不已，即生祠处处祀之"。

周忱罢官回家后，在家乡双崖岭建草斋作读书之地。后来，周忱带领全家，来到吉州长塘山前开基。景泰四年（1453）十月，殁于山前，朝廷给其谥号"文襄"，葬在村子东面，墓地四周草地里，散立着许多石俑、石马、石羊等。分宜严嵩《过周襄公墓下》云："尚书旧里说山前，松柏阴阴有墓田。何止乡邦崇盛烈，吴人碑碣更林然。"不只是家乡人敬仰周忱，享其恩泽的苏州人，更是世世代代祭奠不已。

12.刘俨公正选才

刘俨画像

刘俨（1394—1457），字宣化，号时雨，江西吉水县文昌乡（今水南镇）人。明正统七年（1442）科举状元。授翰林修撰，初入朝为官。历任右春坊学士、太常少监兼侍读。

招贤纳才，公正选人，关系到一个国家政权的成败和民族的盛衰。古代有许许多多忠心为国、秉公举才的主考官。明朝时期，江西省吉水县有个叫刘俨的主考官，在主持顺天乡试考试中，为国选才不徇私情。他与舞弊贪官作斗争的故事至今仍在民间广为传颂。

关于刘俨的出生还有一段动人的传说。明朝洪武二十七年（1394）九月九日是九皇节，刘俨母亲的村庄杨家祠非常热闹，村里请了道士念经祈祷，保佑全村太平，乞求赐福，各家宴请宾客欢度节日。尝九皇米果，道士双手合掌，跪拜天地。突然道士转向族长笑哈哈地说："恭喜贵府，贺喜贵府，天上有一把黄龙伞已降落贵府，贵府定有贵人降生。"族长喜出望外，连忙派人逐家排查，结果无人怀孕生产。

刘俨正统七年（1442）中状元

正疑惑之际，有人来报，本族女杨静宜嫁店背村东城刘氏为媳，有孕在身，正在娘家过节，今日中午在母亲的帮助下产下一名男婴。这个男婴就是刘俨。

刘俨小时候聪明伶俐，特别爱看书、肯钻研。那时候家里很穷，没钱买书，他经常到山上砍柴、捡蘑菇，用卖柴、卖蘑菇的钱买书。母亲节衣缩食咬紧牙关为他请了一个有学问的老师，因老师年纪比较大，行走不方便，刘俨每天往返十多里山路到老师家里去读书。但他从不叫苦，从不怕累，无论刮风下雨，或是烈日炎炎，从没缺过一天课。

"十年苦读伴青灯，一朝成名天下闻。"正统七年（1422），刘俨一举成名，殿试点为状元。

明景泰五年（1454），刘俨被朝廷委以重任，以侍读的官衔出任顺天乡试主考官，为国选贤举才。顺天是京畿重地，读书人多，主考官也就特别引人注目。虽然是通过科举制度选拔人才，但当时社会风气不正，对考生来说，考试成绩好坏关系不大，而是取决于有无靠山和贿赂主考官的银两。这样一来，不少知识渊博、才华横溢的穷人家子弟名落孙山。而一些学识浅薄、有权有势的平庸之辈反而榜

浩然正气 Haoran Zhengqi

刘俨雕像

上有名。刘俨觉得自己身上的担子很重,暗下决心,一定要整治这种风气。他先贴安民告示,张贴考试纪律,拒绝一切说情与送礼,明确表示公正主考、公正选才。

当时,内阁执政重臣陈循和王文的儿子陈英、王伦都参加了考试。陈循和王文串通一气,托人来找考官刘俨说,他们的儿子陈英、王伦参加了这届举人考试,录取时要关照一下,名次排前一点,好在下一年有资格参加礼部会试。刘俨转告他们,如果你们的儿子考得好,自然会录取;考得不好,我也无能为力。接着刘俨与其他考官一起查阅了他俩儿子试卷,得知内容空洞、文笔拙略,实属下等之作,无法录取。但有的考官,怕得罪陈循和王文而招来陷害,便向刘俨陈述厉害关系,希望录取。刘俨反问:"你们身为朝廷考官,不加制止,反为拙略考生说情,这样徇私舞弊,岂不坑害了国家,辜负了皇上,蒙骗了百姓,也对不起其他举子,有什么灾祸我来承担。"说情的考官被他诘问得哑口无言。

录取名单公布后,陈英和王伦榜上无名。陈循和王文十分恼火,心想,你刘俨不过是四品侍读,居然不照顾内阁执政大官的面子,这还了得。后来,陈循、王文两个互相勾结陷害刘俨,在代宗面前诬告刘俨主考不公。皇上为了弄清是非,派大学士高谷对中举的试卷全面复查。经查实后,将情况如实向皇上禀报,认为整个考试公正、无私,并揭露了陈循、王文相互勾结陷害刘俨的罪行。昏庸的代宗为了照顾陈循、王文的面子,还是同意他们的儿子中举,刘俨差点被陷害论罪。

天顺元年(1457),英宗皇帝复位后,严办了当时拥立代宗的陈循、王文,他们二人的儿子也被除名,不准参加礼部举行的会试。刘俨公正选才、廉洁奉公、不畏权贵、不怕报复、不徇私情的美德,受到世人称颂。

13. 萧桢两袖清风

萧桢（1431—1501），字彦祥，号寅庵，泰和县冠朝镇墩陂村人。他聪明好学，年少志高，从小就立志要考取功名。明朝天顺六年（1462）考中举人，天顺八年（1464）进士及第。翌年，担任南京刑部主事，1469年提拔为湖广青吏司署员外郎，1472年提升为湖广按察司佥事，1486年再升为按察使，1487年任河南左布政使，1488年担任都察院右副都御史，巡抚陕西，1491年升迁为南京工部右侍郎，1494年改为刑部供职，1497年担任刑、工二部尚书。

萧桢画像

萧桢一生为官近四十年，从不以权谋私、不畏权贵，真正做到了清廉明决、两袖清风。

萧桢在南京担任刑部主事时，曾巡访某县，发现有一宗案件疑点重重，富商残害下人致死，却仍然逍遥法外。于是他调来案卷，认真查阅，重新调查取证。富商闻讯，立即带重金到萧桢下榻的官邸来拜访，求萧桢放他一马，并许诺："如网开一面，必有重谢！"萧桢义正词严地斥责他："你少来这一套，我一世清名，岂能毁于尔等奸人之手？"随即吩咐升堂，不但将这富商绳之以法，还把收受贿赂包庇罪犯的县令一并治罪。

萧桢在河南担任布政使时，掌管着很多的钱、财、物，有人劝他说："诸多公钱，均掌于你手，何不用些送与上司，来日便于提升。"萧桢回答道："所掌公钱再多，吾心终无私欲，岂不知勤能生俭、廉可养心，今生就此停迁，也不以钱物奉承。"他常下基层，了解灾情和百姓的疾苦，将掌管的钱、财、物用到最需要的地方。他不但自己做到无私欲之念，而且时刻告诫下属和地方官员：布政司的钱物下拨给你们，不能擅自滥用，更不能据为己有，或者徇私送人情。

萧氏宗祠

在南京工部任职期间,监办各项建筑工程,他克勤克俭,严把关口,减少开支。当时南京为旧都,许多坛庙、宫阙、城墙、桥梁、道路等,因年久失修,逐渐坍塌,急需修善。有许多权贵想乘机谋取暴利,私下带着厚礼重金前来向萧桢承揽工程,结果都被他一一拒绝。

为官四十年,萧桢始终慎廉自律,从不以权谋私,一生的爱好,就是在公务之余,赋诗读书,攻阅治国典籍。有一年萧桢回家省亲,众乡邻看见他的随从挑着一担沉甸甸的箱子,都以为他做官发财了。大家都围了上来,问长问短,看能否讨到赏钱。萧桢一见,面带愧色地对乡亲们说道:"我虽在朝为官那么多年,除了所得微薄俸禄外,从不捞取分文不义之财,所以没有什么财物带回来孝敬各位父老乡亲,我一向所存只有诗书。"随后他又指着两个箱子说:"这次带了一些书籍回来,其中有些是

我空闲时所著,各位父老乡亲如不嫌弃,就请随意挑选。"翰林院编修李东阳赞扬萧桢道:"孝友闻于家,廉慎称于官。"

▶ 14.罗伦清贫敢直谏

罗伦(1431—1478),字应魁,一字彝正,号一峰,江西省永丰县瑶田水心村人。家贫好学,明成化二年(1466)进士第一,授翰林院修撰,因抗疏论李贤起复落职,贬谪为泉州市舶司副提举。成化四年四月复官改任南京翰林院修撰。居二年,以疾辞归,隐于家乡金牛山,钻研经学,开门教授,四方从学者甚众。罗伦为人刚正,义之所在,毅然必赴,视富贵名利如浮云,一生清贫如洗。成化十四年戊戌(1478)卒,年仅48岁。嘉靖初年追赠左春坊谕德,谥"文毅"。

罗伦画像

罗伦五岁的时候,和母亲一起到园子里去,有果子落下来,众人都争着去拿,只有罗伦不争不抢,人家送给他,他才接受。罗伦从小家境贫寒,以砍柴放牧为生,爱好读书,每次出门都带上书本,一路读诵不停。成为诸生(明清两代称已入学的生员)后,其品德圣贤、学识出众,为乡邻所称道。知县张瑄惜其才,怜悯他的处境,接济他粟米,可是罗伦婉辞不肯接受。父母去世后,居丧三年期间,他哀伤守孝,粗衣劣食,过了丧期,才开始吃盐和正常的食物。

宪宗成化二年(1466),罗伦赴京会试,来到苏州时,梦见范文正公(范仲淹)对他说:"你某年某月某日,在某楼中的善行,感动上天,明年状元,当属于你了。"罗伦醒来忆起从前,确曾在某楼中,有一女子前来挑逗勾引,罗伦以严正的态度,予以拒绝。

罗伦又继续前行,途中随行仆人经过一人家门前,暗中拾到一只金手镯,行走5天路程后,罗伦偶然担心路费不够,仆人兴奋地告诉罗伦拾到金镯一事,罗

罗伦赶考

伦听了非常生气，马上要返回原地送还失主。仆人说："这样往返，恐延误考期。"罗伦说："此金镯必定是人家婢女或仆人不小心失落，如果被他主人逼问拷打致死，是谁的罪过呢？我宁愿不参加会试，也不能使人因而致死。"

于是，主仆二人又风尘仆仆返回到原来拾镯之处。果然是那家婢女，因泼弃洗面水时，不小心遗失在地，却被女主人怀疑私藏起来，因而遭受鞭笞。婢女深感委屈，几次想要寻死。而女主人的丈夫又怀疑是女主人私下送人，追根究底，痛加责骂。女主人受冤枉气愤不平，想要上吊自尽，幸而罗伦他们赶到，将金镯送还，才保全了两条人命。

事后，罗伦赶回京都会试，殿试策问时，罗伦有感而发，对策万言，针砭时弊，于是被选拔为头名状元，做了翰林修撰，一时名声大震。

罗伦为官不畏权贵，敢于直言，铁骨铮铮，一身正气，就连皇帝说了错话、做了错事，也逃不过他的诤谏。

成化二年（1466），宪宗皇帝要诏复内阁大学士李贤为官。而当时李贤父亡正处于奔丧期间，按规定必须守孝三年。满朝官员竟没有一个提出异议，而唯有只当了三个月官的罗伦劝谏，皇帝不允，罗伦又上《扶植纲常疏》弹劾李贤，惹得皇帝龙颜大怒。"乱臣贼子，当官不到三天，竟敢违旨，该当死罪"，遂传旨要杀罗伦的头。"陛下，你让我把话说完了再杀头吧。"罗伦面不改色地说道。皇帝无奈，只好让罗伦把话说完。罗伦接着说道："朝廷订了法律，而陛下却不带头执行，大臣法则群臣效，又怎么去要求老百姓遵守呢。"他还历陈古今兴衰之是非，慷慨数千言。皇帝觉得他言辞恳切，迫于情理只好赦免了他的死罪，将他贬为福建泉州市舶司副提举。罗伦胸怀坦荡，浩然而往。

罗伦一向疾恶如仇。传说罗伦被贬泉州为官不久，辞官回乡路过扬州，走到弯头东乡地界，忽然阴云密布、大雨倾盆。罗伦奔到村馆中避雨，此时，雷电交加，忽然霹雳一声，将田内一头耕牛击倒，云散雨止，众人上前围观，只见牛肚子被雷劈开，血流一地，已经死了多时。罗伦心中不平说："牛每日辛苦耕地，死后皮肉供人享用，最是可怜，如今却还遭此大难，朝中那些大奸大恶之辈，天雷不击，为何要击牛？"于是，提了笔墨到牛身上写道："不在朝中击奸相，反来田内打耕牛。"众人都说批得好、批得有理！正议论间，天空又乌云聚拢，一声炸雷巨响，吓得众人惊倒在地，一会儿爬起来再看牛身上又多了两句朱批："他是唐朝李林甫，十世为牛九世娼。"众人看罢方才明白，这牛原来是李林甫那个奸相变的。几百年来，恶报竟然还没有完。

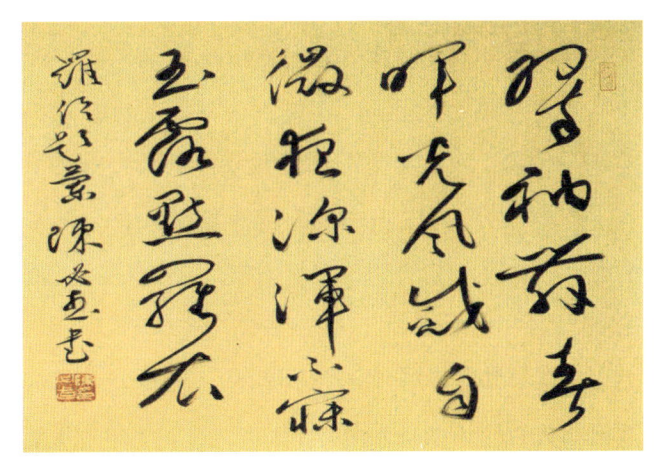

草书　罗伦《题兰》

罗伦为人正直，为官清廉，淡泊名利。无论在京为官还是被贬福建泉州任舶司副提举期间，乃至告病还乡，均以清廉著称。他一生提倡节俭，虽为朝廷命官，一向以粗茶淡饭、布衣敝屣自处，朋友见他如此寒酸，便接济他一些衣服，但当他发现还有不如他的人在挨饿受冻时，又将别人接济的衣服脱下，送给他人。有一次，有位朋友来拜访他，罗伦早晨留其在家吃饭，妻子一看家中竟无米下锅，只得去邻居家借米。借到中午才借到米回来做饭，他也不在意。罗伦的清贫赢得了百姓对他发自内心的崇敬。

成化十四年（1478）九月二十四日，48岁的罗伦殁于金牛之密堂。学生们清理他的遗物时，除了书籍文稿和几件皇帝赏赐的官服外，竟无他物，就连棺木都是亲友捐助的。在福建为官的那些日子里，罗伦的清廉勤政让当地百姓难以忘情，在他去世后，福建百姓特为他建立祠堂，以之祭奠，纪念这位清正廉洁的好官。

▶ 15.张敷华勤廉刚介

张敷华（1439—1507），字公实，号介轩，江西省安福县严田镇杨梅村人。天顺八年（1464）进士。历任兵部郎中、浙江参政、布政使、刑部尚书、左都御史等。为官清正廉洁，勤政爱民，与吏部尚书林瀚、佥都御史林俊、祭酒章懋并称为"南都四君子"。后为阉党刘瑾构陷罢官，次年病卒于梅溪。刘瑾被诛后两年，张敷华被平反，追赠太子太保，谥号"简肃"。

张敷华雕像

在安福县严田镇有一个美丽的小山村——杨梅，古称"梅溪"。这里，群山环抱，绿树成荫，环境清幽。梅溪绕村而去，宛如一条玉带从古村旁轻轻滑过，轻盈而洒脱。梅溪两岸，杨梅树粗壮茂盛，初夏时节，红里透黑的杨梅，缀满枝头，令人垂涎欲滴。风雨过后，杨梅纷纷坠落梅溪水中，溪水尽染，村遂因溪得名。村中的几棵古樟，遒劲挺拔，枝繁叶茂，微风拂过，树叶发出一阵阵"沙沙"声，仿佛在述说着古村昔日的繁华。数幢明清时的民居，青苔已侵染了斑驳的青砖，芦苇在黛瓦间嘶鸣，但高高的马头墙、精美的雕梁画栋，却分明在告诉人们这里张氏一族曾经的辉煌！

是的，这里的确有着辉煌的过去。早在元朝末年，一代贤相张九龄的后裔就来此诛茅垦壤，开疆肇基，到了明代，这里已经形成了规模不小的村庄。张氏族

梅溪张氏宗祠

人,秉承先辈家训,"百忍"治家,"耕读"传家,睦亲友邻,举族和睦,人才辈出。仅仅在明代,从这里就走出了四位进士、三位御史,正像梅溪张氏宗祠里的牌匾上所书的"五世翰林""祖恩浩荡"几个字,反映了当时梅溪的人文盛况。而这些才俊中,最为有名的,当推张敷华了。

张敷华自小聪明伶俐,胆识过人。其时,村中社庙有树作祟,张敷华亲率几个小伙伴,合力将树连根砍掉,村中人莫不称奇。正统十四年(1449),蒙古瓦剌部首领也先率大军进攻北京。张敷华的父亲张洪随圣驾亲征,结果明军大败,英宗被俘,张洪殉国,史称"土木堡之变"。又八年,英宗"夺门之变"复辟成功后,对英烈子弟大加褒奖,张敷华才来到京城国子监就读。由于有硕师教导,再加上他天资聪颖、勤奋努力,于天顺八年(1464)进士及第,选为庶吉士,从此开始了他的从政之路。

成化元年(1465),与刘大夏愿就部曹,除兵部主事,历郎中。十一年(1475),出为浙江参议。《浙江通志》卷一百四十八有记:景宁矿盗贼起事,人数多达数千人,张敷华告谕遣散了他们,抓获为首的十二人。他在浙江为官十多年,历布政使多年,官声甚好。

弘治初年,调任湖广。当时,湖广灾荒连连,民不聊生。张敷华一到任,就立刻命令各府县大修学宫,以工代赈,帮灾民渡过难关。不久升为右副都御史,巡抚山西、陕西。期间,他看到地方婚丧嫁娶,大操大办,铺张浪费,心中极为忧虑,于是决心移风易俗,改变陋习,倡导勤俭节约之风。据《明实录·武宗实录》记载,正德元年(1506),张敷华会同尚书张升奏进十三事,诏从,并出榜申禁。至此,治下民风大变,百姓称颂。由于政绩斐然,张敷华被擢升为南京兵部右侍郎。

弘治十二年(1499)改任右都御史,总督漕运兼巡抚淮南、扬州各府。当时,正值暴雨成灾,淮水猛涨,高邮湖堤溃决,张敷华深入抗洪救灾一线,组织指挥农民开挖深沟排涝,又筑宝应大堤作防线,使当地百姓生命财产减少损失。为了彻底根除水患,他打算在运河上建一座拦潮闸。为此,他在弘治十二年(1499)冬,到仪征就建闸事宜进行实地调研。扬州府同知叶元汇报说:"我曾奉命疏浚河道,到了江滨一带,深挖下去七尺全是黄土,没有发现浮沙。闸是一定可以建的。"张敷华回京后,立即向皇帝禀报建闸事宜,得到了批准。扬州府同知叶元用了四个月的时间,于弘治十四年(1501)建成了拦潮闸。拦潮闸建成投入运行的当年,长江和内河之间航运交通十分通畅,没有一艘船只滞留。秋季时节雨水连绵,虽然在较短的时间里内河水位急剧上涨,但并没有冲毁河堤、大坝和堰闸,水及时被排泄了。由于效益显著,仪征拦潮闸被称为"江北第一闸"。张敷华的高洁品行、突出政绩,受到官民的称赞,不久迁为刑部尚书。

正德元年(1506)冬天,宦官刘瑾专权乱国,大臣们纷纷主张罢黜刘瑾,内阁也上表赞同,但皇上优柔寡断,犹豫不决。作为都察院都御史的张敷华慷慨上疏,列陈刘瑾之祸,奏曰:"陛下宴乐逸游,日狎憸壬,政令与诏旨相背,行事与成宪交乖,致天变上干,人心下拂。今给事中刘蒨,御史砆廷声、徐钰等连章论列,但付所司。英国公懋与臣等列名上请,但云'朕自处置'。臣窃叹惑,请略言时政之弊。如四十万库藏已竭,而取用不已。六七岁童子何知,而招为勇士。织造已停,传奉已革,寻复如故。盐法、庄田方遣官清核,而奏乞之疏随闻。中官监督京营、镇守四方者,一时屡有更易。政令纷拏,弊端滋蔓。夫国家大事,百人争之不足,数人坏之有余。愿陛下审察。"刘瑾亲信扣留了他的奏章不报。刘瑾闻后,构陷诬词,在皇上面前极力诋毁张敷华,欲置之死地而后快。皇上专信刘瑾,是非不分,传旨将张敷华革除功名,遣回原籍。张敷华回到梅溪老家后,忧愤成疾,于次年含冤去世,享年六十八岁。刘瑾被诛后的第二年,张敷华才得以平反昭雪。皇上追赠张敷华为太子少保,谥号"简肃"。

张敷华从政四十二年,历任兵部郎中、浙江参政、布政使、刑部尚书、左都御史等官职,勤政爱民、为官清廉刚正。《明史·张敷华传》有云:"(张敷华)为部郎奉使,盗探其囊,得七金而已。"其清廉可见一斑!难怪后世将他与吏部尚书林瀚、佥都御史林俊、祭酒章懋并称为"南都四君子"。张敷华也因为自己留下的这笔精神财富,荫庇子孙,福衍后代。他的孙子张鳌山官至御史,曾孙张秩、张程高中进士。张程还撰写了《武功山志》,让武功山名闻天下,为家乡的灵山秀水走向全国作出了贡献。张敷华的后代,直到清初,还有在朝为官的。今天的梅溪人,更是继承和发扬了张氏先贤的优良家风,励精图治,奋发图强,为建设社会主义新梅溪而不懈努力着。

▶ 16.刘戬出使留廉名

刘戬(1435—1492),字景元,号晋轩,江西省安福县人。明成化十一年(1475)科举殿试榜眼。曾为外交大臣出使交趾国(今属越南),平息边境之乱,屡拒厚礼。交趾建"却金亭"颂其清廉与不辱使命。

刘戬科举中榜眼后,授翰林院编修,进而担任侍讲,为皇帝讲经解史。《明史》等史料记载了刘戬担任外交大

刘戬画像

臣的几件事,以颂其清正廉洁。

明代的第十个皇帝孝宗登位后,按惯例要派遣使臣出国颁布诏书,以示国威和友好。当时的交趾国(今越南境内)与明朝廷时战时和。明朝廷曾用武力征服了交趾国,可是因为地处偏远,交通不便,交趾首领常聚众闹事,弄得西南很不安宁。后来,干脆让他们独自掌握政权,作为明朝廷的附庸国。交趾人喜斗善武,四处扩张,侵占邻国,但对明帝国心存畏惧,生怕惹来麻烦。孝宗知道交趾国不好对付,要选派一位学识渊博、刚柔相济的大臣出任使臣。经过挑选,刘戬被封为正使,出国颁诏。孝宗还亲授麒麟一品服以示恩宠。

去交趾可以走水道,经海洋而往;也可从广西南宁走旱路,越山岭而达。以往出使南洋一带的大臣,喜欢走水道,因为可带船队载货物与出使国做贸易生意,能赚不少钱,自己也能带些私货,可得许多好处。刘戬对这种做法很反感,认为有损使臣的尊严。他轻装简从,只带几个卫士和仆人,从南宁出发走山路前往,到了交趾,当日就颁布诏书,接交完毕,第二天就要启程回国。交趾的国王十分惊异,以往来颁诏的使臣,都要住上几日,接受隆重接待,还要带回珍贵礼品。这回刘使官速速回国,是不是接待不周而有什么意见?弄得不好,他回国后挑唆几句,招致皇帝不满,引起外交麻烦,小小的交趾国就不安宁了。国王连忙命人送一大包金银珠宝给刘戬,可是他看都不看一眼,说了声"谢谢大王的好意",就上路了。国王心里更没底了,派人携礼物一路追去,待刘戬一行人在途中休息,便力劝他收下礼物。刘戬婉言谢绝后,写了一首明志诗送给来人,要他拿诗去向国王交差。诗的末尾两句是:"归装若有关南物,一任关神降百殃。"

刘戬等人归途中在交趾境内的驿馆住下,馆里的长官以天热为由,赠送一把象牙凤羽宝扇给刘戬。他接过宝扇,在上面题了一首诗:"带得南薰下紫宸,舞于披拂两阶春。直将凭此清炎海,肯使飓风污后尘。"写完即将宝扇退还。刘戬清廉的作风在交趾国内传开了,人们对他十分敬重。交趾在给明朝廷的谢表中,称来颁诏的"廷臣清白"。后来,交趾国为表示对明王朝的忠心,把通往中国的驿道取名为思明道,并建了座"却金亭"来颂扬刘戬的清廉和不辱使命。

17.聂豹—廉如水

聂豹字文蔚,号双江,吉安永丰人,为王守仁心学正统传人。正德十二年(1517)进士,授华亭县令,升御史,历官苏州、平阳知府。擢陕西副使。嘉靖二十九年(1550)进兵部右侍郎,改左侍郎。嘉靖三十一年(1552)任兵部尚书,上疏议防秋事宜,又请筑京师外城,均被采纳,加太子少保,是明代有名的廉吏之一,著有《困辨录》《双江文集》等。

聂豹画像

聂豹一生刚正不屈、一心为民,下面通过几则故事,领略一代廉吏的风采。

刚正不阿 一身正气

聂豹从小才华出众,三十岁中进士,出任华亭县知县,刚上任时华亭县的官吏都是本地人,而且与社会上的人串杂在一起,关系错综复杂,风气不正,极大地妨碍了公务。刚上任的聂豹决心改变这种现状。首先他从自身做起,严格要求自己，己所不欲勿施于人，省身修身，以身作则。然后整肃吏治，对身边的小吏、差役立法三章，要求必须廉洁，不准以公谋私。经过整治，县衙内的政风立见好转，一时风弊顿清。

在任期间，华亭县正遇百年大旱，颗粒无收，民不聊生。但是有的地方官吏却勾结黑恶势力，借机敛财、贪污舞弊，百姓怨声载道。让人更加不能容忍的是，府中有一个财务总管仗着其岳父是朝廷一品大官，伙同他人私吞应减免的税银，而几任知县都不敢得罪他。聂豹通过微服私访，摸清情况后，立即将这位胥吏及同伙革职查办。

为官清正　处事廉明

嘉靖四年（1525），聂豹任福建道监察御史。他暗察明访，微服深入平民之中，了解下情。到任才几个月，就上疏指斥司礼太监张佐违诏招收内监工，又弹劾兵部尚书金献民、侍郎郑岳接受边将贿赂。朝廷查实后，罢去了张佐与金、郑三人官职。后又上疏弹劾礼部尚书席某徇私，将其弟安排在翰林院谋职，席也很快也被免职，一时名震朝廷。

嘉靖六年（1527），聂豹巡按福建，他依法治闽，严肃法度政纪。微服私访民

五贤图（五贤指王守仁、邹守益、聂豹、欧阳德、罗洪先）

间，听取民间对当地官吏的反映，打击恶豪，惩处奸匪，一时贪官污吏望风披靡，有的甚至自己解官而逃。严肃查处了驻扎在福州的军队镇守太监赵诚以及掌天文历法的中官和管理东南沿海地区海外贸易宦官；弹劾了贪官漳州詹知府、龙溪黎知县，震慑了贪官。在巡按期间，针对如何考核官员，上疏提出要分德行、经义考核官吏，主张官员要重德行。清理寺庙的田地以备赈灾抚恤，核实官府的账簿，清理虚报人数，以均徭役。提议建立考核官宦的长效机制，奖励劝勉官员勤政为民，从根本上治理为官的风气。

嘉靖九年（1530），聂豹改知苏州府。苏州府是东南方最大的郡县，一直很难治理。聂豹去后处理政务从容自如。在苏州府期间，他问民疾苦，革除赌博等社会陋习，制裁强横狡诈不守法纪的人，严厉打击黑恶势力。生擒凶徒王子家、巨盗龚渊和龚锦，老百姓无不拍手称快。

勤政为民　心系百姓

聂豹出任华亭知县期间，水灾旱灾接连而来，灾情严重。面对艰难的局面，他一面将灾情奏报朝廷，一面开仓放粮，救济灾民。他不等不靠，动员全县人民捐钱捐物。亲自带头将家中积蓄捐出，夫人也将身

聂豹被誉为"理学名家"

上披戴的金银首饰捐了出来。在他的带动下，大小官吏纷纷仿效。通过募捐，得白银六七万两，很快缓解了灾情。为了从根本上解决灾情，他亲自勘察县情，访问民间，倾听专家和百姓的意见，大力兴修水利，为发展农业生产、减少天灾奠定了基础。

百姓有了冤情，他亲躬审理，为其申雪。只要有案子，他当即就审，从不拖延。在审案中，他精明睿智，明察秋毫，不被假相蒙蔽。在苏州时，有一对兄弟来诉讼其父，聂豹觉得有些蹊跷。他仔细观察，详细询问，查得兄弟俩都不孝，便当场羞辱他们，兄弟俩感泣悔罪。他巧断案情，百姓无不称颂。

浩然正气 Haoran Zhengqi

在华亭，他每年都要亲自参加编排按户人丁的徭役，并严格审定。县衙的文书很多都是自己动手书写。当县令三年，华亭节余存谷19万余石。据《华亭县志》记载："逃亡归来者足有3223户。"当时朝廷官员纷纷举荐聂豹，其中有七八个到过华亭的巡抚和巡按官员还以奏章的形式向朝廷举荐聂豹。

治军严明　强武卫国

聂豹转任兵部右侍郎，奉命巡视九门时，向皇上面奏建议：京营兵丁闲置，不如核减一十三万，分拨到下面各总督去操练，以备征战。每年兵器、军粮、操练、犒赏等费用，户部要足额拨给。凡操练，必须遵循军法，军中的士兵不得借口占为杂役等。聂豹的六条上疏均得到皇上采纳。

嘉靖三十二年（1553）正月二十七日升兵部尚书，聂豹力辞，但是皇上不允。他上任后，正本清源，严厉革除夙弊，严禁请托，事事依据法典法例，兵部的风气很快好转，一时声望赫然。他善用人才，慎选将士，操练军队，率先垂范带领将士修边城，建关隘，预备储粮，加固要塞，分屯重兵掌控扼要关口，以阻止外侵之敌。多次竭力上疏建言研究秋收防护的事宜，并与他人一起上疏谏言请筑北京外城墙，均被采纳。

嘉靖三十三年（1554），北京外城墙完工，被加封太子少傅，荫一子入监读书。由于修边关耗资很大，又每年犒赏军士，户部经费紧缺，他上疏倡导朝廷上下要共济时艰，节约公用经费，虽遭一些重臣反对，但还是被皇上采纳。十月，外虏犯蓟州，由于防备森严，外虏攻城六昼夜不能攻下，兵败而去，被皇帝诏嘉太子少保。聂豹任兵部期间，朝夕劳累，经常是半个月、一个月在兵部为国防操劳而不回家。

明朝时期，江南倭寇猖獗，又湖广川贵苗民作乱。在国家动乱之时，聂豹运筹帷幄，博采众长，调南京兵部尚书张经总督浙江，各省兵马由他调用。添设总兵把守南汇、吴松江、刘家河、镇江等处，派都御史郑晓议把守东海各关。他用兵计策得当，苏州、松江固若磐石，倭寇不敢妄动。皇上大喜，嘉奖加封聂豹为太子太保。

聂豹晚年回到家乡永丰，但他为民的心不歇，依然为家乡的治理献计献策。

每日除与故人门生子弟谈述古昔、研讨学术外,还不忘办学授课,培养弟子。

▶ 18.郭汝霖拒礼不贪

郭汝霖(1510—1580),字时望,号一崖。永丰县石马镇层山村人。明嘉靖三十二年(1553)进士,授行人司行人,选任吏部给事中,后转刑部给事中。郭汝霖一生不但法治有方,且为人正派、为官清正廉洁,不贪、不占,不收礼也不送礼,是位才华出众的爱国使臣。

郭汝霖画像

嘉靖三十二年(1553),琉球国与明王朝在外事上产生了分歧,琉球国王扬言攻明,明世宗多次派使臣前去谈判,都无功而返,明世宗不得不再派使臣前往。适逢琉球国请封,吏部侍郎郭汝霖被任命为正使,奉国书前往,朝廷赐给他玉带和一品服。按以往惯例,凡出使外国,正副使各乘一只大船,各费千金。郭汝霖为国家民生着想,不摆阔气,撤两船为一船,即正副大使共乘一船。虽然海上风大,

郭氏大祠

路途遥远；飘荡大海，险阻重重；但他毫无怖惧，生死毁誉，置之度外。第二年终于到达琉球国。

到达琉球国后，郭汝霖深感此次出使责任重大。为了平息两国纷争，维护国家利益与尊严，郭汝霖在琉球国朝堂上，据理力争，讲得头头是道。琉球国王佩服得五体投地。郭汝霖代表明王朝举行封赠仪式，递交国书，与琉球国正式建立外交关系。琉球国王受封后，非常高兴，便将铸造精美的四个马蹄形黄金（每个10两）赠送给郭汝霖。面对金灿灿的马蹄金，郭汝霖毫不动心，婉言谢绝了这份厚礼。琉球国王感叹地说："真是难得的良臣啊！而我们的官员中，怎么打起灯笼火把也找不到呢？"弄得当时在旁的臣僚们面面相觑，羞得不敢抬头。

郭汝霖能言善辩的外交风度和清正廉洁的凛然正气，赢得了外交上的成功，促进了两国和好交往。琉球国王派使者护送郭汝霖一行回国并递交国书。琉球国使节在向明世宗递交国书时向明朝皇帝奏明郭汝霖辞谢赠金的事以及如何赢得琉球国国王对明朝的信任。明世宗听了很高兴，说道："国之兴衰全赖有廉洁奉公的良臣啊！"当即命侍从取出白金、丝绸赠予郭汝霖，以资表彰，并提拔其为光禄寺少卿，后改任顺天府丞。

鉴于郭汝霖为官清廉，不久，皇帝命他负责督修通州湾城。这对贪官来说是个肥水美差，但郭汝霖不仅不贪不占，也不向上级官员贿赂送礼，以求前程。当时权倾朝野的三朝元老、内阁首辅大臣领宰相职严嵩掌管国库钱粮，拨给他20万两黄金作为工程款

郭汝霖著《石泉山房文集》

由他支配使用。郭汝霖在整个工程中只花了3万多两金,而且仅6个月就完成了工程建设,将剩余的工程款全部上交朝廷。

如此省时、省资、高效,人们无不敬佩与惊奇。郭汝霖见人们有所疑虑,便说:"这有什么好奇怪的,除了自己以身作则外,我不过是禁止经办此事的官吏和办事人员从中渔利罢了,既要管住自己也要管住别人,使他们无空可钻。因此,钱不乱花,事易办成。"大家听了,莫不赞佩。事毕,皇上对郭汝霖特别嘉奖,特提升官俸两级。

尔后,郭汝霖又上疏请求发放国库钱粮,宽简赋税、徭役,使人民能安身活命。这项请愿得到皇帝许可。过后,郭汝霖改任大理寺少卿,后又升为南京太常卿。时年,郭汝霖请求退休,回归故里。万历八年(1580),郭汝霖去世,享年71岁。临终时嘱咐儿子:"对亲属要和睦,不要违逆;对自己要谦逊,不要高傲;对生活要俭朴,不要奢侈。"

▶ 19.胡叔廉巧拒贿赂

> 胡叔廉(1513—1562),新干人。明嘉靖十七年(1538)进士及第,次年任浙江宁海县令。后历任刑部给事中、应天府丞。嘉靖三十六年(1557)晋升为掌管全国最高审判权的大理寺正卿。为官22年,一半时间做地方父母官,为民请命,一半时间做监察执法官,为社稷殚精竭虑,忠心尽职。

金秋九月的一个月夜,兵部都给事中胡叔廉的宅院门突然"砰砰砰"响个不停。待家人开门一看,见是一位落魄军士打扮的人。来人细问:"胡大人在家吗?"家人回问:"你是何人?""我是胡大人同科进士蓟镇金都御史参军朱方,找胡大人有急事。"家人回屋禀报后,胡叔廉便出门相迎:"朱大人十年不见,为何弄成这般模样?""一言难尽。"进屋后,朱方第一句便说:"胡兄,老弟遭难来求你搭救了!"之后,朱方将自己被派往大明九大边关重镇的蓟门协助总兵兵部侍郎张汉共把国门,昨夜被辽军攻陷一事说给胡叔廉听,而且一边诉说一边不停地流着眼泪。

胡叔廉听后,心底有了几分思忖。于是先将老朋友朱方安顿洗漱之后,再行

新干县城东山文塔

酒菜款待。席间,胡叔廉劝说朱方:"胜败乃兵家常事,守不住边关重镇,总兵张汉当问首责,你不过只是个参军,就是撤职查办,也不至于杀头问罪吧!"但此时的朱方,一沾上酒就胡乱说出一些前言不搭后语的邪话来:"不,远不止杀头。胡兄,念在我们同科会试的情分上,若救不了我,可要救救我的家人啊!"喝着喝着,朱方终因疲惫不堪加之酒力之故,嘴里仍然念念有词:"胡兄,救救我,救救我的家人……"说着念着,就倒在酒桌上酣睡起来了。

这一夜,胡叔廉未能睡好觉,总感到通晓大明刑律的朱方这么恐惧害怕,决非仅此边关失守一责,恐有什么犯下危害社稷江山的大罪。想到此,办案多年的胡叔廉心里有了谱,这种案犯只有"故纵欲擒",便可"自投罗网"了。

第二天一早,朱方见胡叔廉像亲兄弟一样关照同科好友,倾心感谢,便从行囊中拿出一尊金佛送给胡叔廉,口中说道:"知恩不报非君子,此物先为谢礼,事后定当重谢。"胡叔廉一见重金贿礼,凭他多年监察办案的敏锐眼神,更感事重千斤,本想严词呵斥,转而镇定开导,随即问朱方:"这就见外了,你我同科进士,效忠朝廷。莫不是做了什么不忠不孝之事,不把我当兄弟看待,如何出此重金感谢?"就这样,历尽一天一夜的"攻心法"和"换心术",朱方的心理防线几乎崩溃。最后,胡叔廉又语重心长地给朱方指明唯一的出路:坦白交代,主动揭发,争取立功,才能自救!受到"心审"的朱方,似乎找到了一线生机,答应自首,并交代了他与总兵张汉犯下的祸国罪行。

原来,总兵张汉伙同参军朱方合谋贪污挪用军粮军饷,派人到湖广收购军火材料雄精硫黄,走私西辽;又从西辽换取贵重皮毛,高价转手卖给京都商人,假冒军需物资通关,从中牟取暴利。而西辽掠购了大量急缺的军火材料后,加紧制造了大批的火箭镞、火铳枪、火药炮。于是,西辽小王子亲率一支火器兵队,偷袭了大明重镇蓟门。因火器密集,攻势强大,边城即陷。总兵张汉逃逸,参军朱方也只好连夜逃来胡叔廉家避难求救。

听完朱方的交代,受到极大震撼的胡叔廉深感此案关系重大,大至危及大明江山社稷的安全。这不仅属于贪污军粮军饷的大案,而且是私通敌国的重案。第三天一早,胡叔廉押送朱方至兵部自首,并将朱方的行贿金佛上交兵部,又将全部案情禀报给武英殿大学士、当朝首辅丞相兵部尚书夏言。随即,夏言下令将总兵张汉缉拿归案,抓捕入狱。

不日,胡叔廉"巧拒金佛"之事在朝野上下传为佳话,而胡叔廉也因拒重金查获通敌大案受到朝廷嘉奖和重用。

20.刘仕祯铁面无私

> 刘仕祯（1577—1649），字吉候，号须弥，万安县人。明天启二年（1622）进士，历任广东韶州推官、广西道御史、福建右藩、湖广左藩、应天府尹、兵部左侍郎、刑部尚书等职。

刘仕祯刚中进士时曾任广东韶州推官，这是勘问刑狱的小官。但初生牛犊不怕虎，他竟敢勘问魏忠贤部下的案子。这魏忠贤何许人也？是鼎鼎有名、位高权重的阉宦，自称九千岁。下有五虎、五彪、十狗，从内阁六部到四方督抚都有私党，内外官僚奔走门下，结党营私，陷害异己，大兴牢狱，广为株连，在小小韶州就把十余个正直官员和善良百姓打入牢狱。刘仕祯深入群众详查细问，打开监狱勘问实情，奔走四方穷追党羽，硬是把十余个无辜的官员和百姓无罪释放，为民洗血冤屈，被称为胆大包天、公正清明的推官。

俗话说，胆大得官做。刘仕祯虽然受魏忠贤党羽排斥，被调出韶州，但先后出任过广西道御史、浙江巡按、福建右藩、湖广左藩。每到一地都有魏忠贤的私党，他们贪赃枉法,百姓怨声载道。刘仕祯认为,官吏不称职，如何治国家？阉宦不倒台，社会怎安宁？于是，他大胆上奏，疏言"五事"：一是审势，二是虚衷，三是核饷，四是课绩，五是安民。也就是说，要审时度势，虚心纳谏，调查税赋，核查军饷，考查官吏工作实绩，奖罚分明，安良除暴，减轻人民负担，国家才能兴旺发达，人民才能安居乐业。

时为崇祯元年（1628），皇帝看了奏章，十分高兴，认为刘仕祯独具见地，说得有理，一一采纳。一时间，刘仕祯的"五事"像一簇利箭射向各地。全国上下从严考查官吏，严惩贪官，打击枉法。还把专断国政、位高权重的魏忠贤撤职查办，安置于凤阳，结果他在途中畏罪自缢。朝廷上下，一片议论，盛赞刘仕祯胆识过人，疏言有功，贪官污吏闻风丧胆，魏忠贤党羽惶惶不可终日。

时任浙江巡按的刘仕祯，查党羽，追穷寇，惩贪官，平流匪，铁面无私，不讲情面，给那些贪赃枉法的官吏和危害社会秩序的流寇以沉重打击。社会上各种卑劣行径和违法行为大为减少。有个地方官吏，游手好闲，荒淫无度，只管贪财，不管政务，海塘被湖水冲决也不管，视人民生命财产为儿戏，造成大批房屋倒塌、大批农田被淹。刘仕祯立即立案查办，牵出了一批多年的积案，一一进行了详查和处理。他又来到被冲决的海塘，组织群众进行抢修，消除隐患，安定民心。群众赞扬说："海不横，怕代巡；一日来，万户宁。"

刘仕祯秉公执法，铁面无私，惩治贪官，平定贼寇，维持社会秩序，百姓始得安居。他先后多次晋级，八次受封，赐斗牛服，恩荫二子，在当时尚书级的官员中只有他获此殊荣。更值得一提的是，他的十一个儿子，皆被教以大义，忠于大明，以身许国，名扬青史。

▶ 21.王言天下清官第一

王言雕像

王言（1641—1711），字慎夫，号两峰，新干县溧江乡塘边村人。康熙二年（1663）举人，十八年（1679）进士。先后任马平县令、柳州郡丞、永清知县。四十年（1702）奉旨驻永定河任总监，在任期间，勤政爱民，不畏权势。后提升为顺天府尹、宛平知府。为人"诚恳谨慎、周密；而孝友倍笃"，为官"清正廉明，贤声益著"。四十七年（1708）辞朝归里，"四壁萧然，田庐荡废"，获康熙皇帝钦敕的"天下清官第一"赤匾一块，名噪一时，传颂古今。

惠政恤民

康熙二十七年（1688）秋，王言踏入仕途，任马平县令。马平是一个穷县，土瘠民贫，到处一片凄凉景象。看到这一切，他顿觉心寒，心想：这个父母官可不是那么好当的啊！

到任没几天，王言便不辞劳苦，走出衙门，深入民间，体察民情。当他了解到县内河流长年失修，河床淤塞，洪水泛滥，殃及两岸庶民，便奏请朝廷拨款修圩，为民造福。谁料，全国江河无数，朝廷库银有限，难以顾及，因此，王言的奏章被搁到了一边。

一天，上官前来马平巡视，王言迎来送往，有礼有节。然而，没想到这位上官在辞行之际，却表露出不满情绪，拂袖而去。这时，小吏便对王言说："按惯例，这一带凡有上官来了，下官都要奉送财物，怎能让他空手而去、扫兴而归呢？"王言一听，大声呵斥："目下百姓连饭也吃不上，当父母官的怎能不顾百姓死活，去榨取民脂民膏，肥官私囊！我身为县令，为官一方，就要爱民如子，此乃我生平天性！"小吏羞愧难言，心中却暗暗敬佩不已。尔后，王言极力推行"减火耗、省差徭、恤夫役、免行户，加意学校"的治县良策，上任不到一月，他那"不以扰民"同情民间疾苦的善举，便深得民心，受到人们的拥护与赞许。

那时，马平县是边境地区，聚居着许多少数民族，由于历史原因，民族矛盾时有发生。有个乌石堡部落的瑶人，时常出没乡里，抢劫无辜，猖獗一时。为此，提督李公提出要发兵围剿，王言却认为不妥，主张不可伤及无辜。他亲自登门拜访李提督，建议单骑前往，教其从善。王言怜悯百姓、不伤瑶民的行为，极大地感动了当地的少数民族，特别是瑶民首领更是感激不尽，表示要改恶从善，敦亲睦邻。从此，瑶民与汉人和睦相处。

在王言调离马平之日，"士民数千，夹道送行"，"担酒牵羊"，"欢者荣之"。尔后，并"立祠祀焉"。为此，中丞彭鹏上书皇帝，夸赞王言"清廉第一"。

执法如山

康熙四十年（1702），王言调任永清知县，并奉旨驻永定河任总监。有人认为监修永定河这个浩大的工程，是一个发财的好机会。可是，王言却从来没想过这个，他想的是工程越大，责任越重。百年大计，质量第一。他虽任总监，却从不坐在府上指手画脚，而是深入工地，坐镇指挥，狠抓质量。

一天，他顶着烈日亲自上工地巡视，来到王庄旗这个地方，无意中发现一处有偷工减料现象，便叫来工头询问情况。方知原来是有个号称皇亲国戚的姚公子，平日花天酒地，嫖赌逍遥，横行乡里，鱼肉百姓。他为了筹建私人住宅，仗势强运工地上大量的石头、木料，人们敢怒而不敢言，生怕惹祸上身。有个老汉因看不过眼，不肯为其卖力搬运，被活活毒打致死。事情败露后，姚公子托人送礼说情，遭到王言拒绝。为了伸张正义，主持公道，王言不畏权势，不怕丢官，当机立断，将姚公子绳之以法，就地惩处，百姓拍手称快。

为修治永定河，王言立下了汗马功劳，且不贪不拿，两袖清风，得到了朝廷的赞肯。竣工那天，皇帝亲临永定河巡视，夸赞王言才德超人，并与王言和诗唱酬，十分开心。

王言一生清白，廉洁自律，勤政为民，治绩显著。可是好人多磨难，那些对王言心怀不满的奸臣，无中生有，诬告王言"家田万顷，奴仆成群"。皇帝听信谗言，将王言革职查办，并指令朝官乔装打扮，星夜兼程，奔往新干县钦风乡大车里村察访。可他们见到的是王言家"田庐荡废，四壁萧然"，吃的是粗菜便饭，住的是一栋又矮又窄的土瓦平房，其妻正在脚踏纺车、手掰棉花"咿咿呀呀"地纺纱。王言家实在拿不出好酒好菜招待这位京都朝官，就向邻居借来鸡蛋，这位朝官见此状，不禁惊叹道："天下竟有如此贫寒的贪官！"

朝官回京伏奏见闻，康熙皇帝听后，又惊又喜，连称："清官，天下难得的清官！"于是大学士兼吏部尚书朱轼连忙上前山呼万岁。康熙便向朱轼问道："依朱爱卿之见呢？"朱轼奏道："我与王言同官京师，知其生平甚悉。"并说："他天性醇谨，不立崖岸。其学力经术，以诚实为本，无一虚饰，可谓循吏矣。"此时，京兆府尹施世纶也奏请留任王言。因此，康熙急忙召见王言，说道："卿家如此贫寒，

浩然正气 Haoran Zhengqi

康熙御敕"天下清官第一"扁额。此扁现藏于新干县博物馆

天下少有；朕甚怜惜。你要多少金银财宝，尽管开口！"王言伏地回道："万岁，微臣什么都不想要，只要能给我留下一个'清白'的名声，便心满意足矣。"康熙皇帝完全理解王言的心思，于是令御史拿来文房四宝，凝神屏气，写下了"天下清官第一"六个苍劲有力的大字，赐予王言，并要将王言官复原职。王言婉言谢绝，执意告老还乡。

在临别之际，康熙又命宫廷画师为王言画了一幅肖像，以作留念。王言在画像旁自题诗曰：

> 王言王言，画像俨然。
> 子孙若贤，多挂几年；
> 子孙不贤，挂也枉然。

康熙四十七年（1708）秋，王言"蹇驴就道，行李如下第时"，由两人抬着康熙钦敕的"天下清官第一"匾额，辞朝别京，回归故里。

清白传家

康熙五十年（1711）春，王言卒于故里。临终前，王家儿孙们都围至王言床前，为其送终。王言含笑对儿孙们说："我就要走了，没有给你们留下什么财产，深感内疚。想我一生清白为官，至此只能以空口传送'清白'二字，望我王家子子孙孙'清白传家'，永不忘本。"儿孙们含泪应道："牢记父亲、祖父谕训。"

王言逝世后，王家子孙们将康熙御书的"天下清官第一"赤匾，悬挂在王氏宗祠里，并在各家厅堂正中又悬挂着"清白传家"的木匾，以示对先祖的深切怀念。后来，王言的长子王泰森，孙子王云翔、王云焕都分别考中进士，被人们誉为"大车里四进士"，素有"一家三代四进士"之称。他们不忘祖训，不负祖望，均以"清廉勤职，同情民间疾苦"见称，深得后人赞颂。

第二章 清正家风

谨庠序之教，申之以孝悌之义，颁白者不负戴于道路矣。

——《孟子·梁惠五上》

兄弟者，分形连气之人也。方其幼也，父母亲左提右挈，前襟后裾，食则同案，衣则传服，学则连业，游则共方，虽有悖乱之人，不能不相爱也。

——北朝·颜子推《颜氏家训》

勤、孝、俭、仁、恒、谦。

——曾国藩治家六字真言

浩然正气 Haoran Zhengqi

1.陶侃母亲教子有方

> 陶母湛氏（243—318）是中国古代一位有名的良母。她与孟母、欧母、岳母齐名，是著名的"四大贤母"之一。她以教子有方和宽厚待人称道于世。《幼学》云："侃母截发以筵宾，村媪杀鸡而谢客。此女之贤者。"这"侃母"，指的就是东晋名将陶侃的母亲湛氏。

湛氏出生于三国时期吴国的新淦县南市村（今新干县金川镇）。16岁那年，因一次偶然的机会，她嫁给了吴国扬武将军陶丹为妾。生下陶侃没几年，丈夫陶丹便病逝。从此，家境便跌落到了"酷贫"的地步。在外孤苦无依，湛氏只好携带陶侃从柴桑（今九江）回到新干娘家，

以纺织为生，供陶侃读书。她去世后，人们遵其遗嘱，将她埋葬于新干县城十字街附近，享年75岁。

教子惜阴

湛氏小时候受过一点启蒙教育，是个有少许文化的女子。她深知读书的重要，因而省吃俭用，以自己纺纱织布的微薄收入供儿子读书。可是，小陶侃生性贪玩，读书不用心，这可急坏了母亲湛氏。

有一个下雨天，由于家无斗笠、雨伞，陶侃没法上学，便蹲在母亲的织布机

旁玩耍。小陶侃两只乌溜溜的眼睛盯着穿来穿去的梭子，十分好奇。湛氏见状，灵机一动，停下织布机，把小陶侃拉到身边，轻声细语问：

"侃儿，这些天老师教了你什么课文呀？"

"娘，老师最近教我们读《贤文》。"

"哦。"湛氏记得孩时也念过此书，"侃儿，你能背得出来吗？"

"背得。"小陶侃便天真地叽叽喳喳地背诵给娘听。当背到"光阴似箭，日月如梭"时，湛氏扬手叫小陶侃停下，问道：

"这两句是什么意思，你可以解释一下吗？"

"呃，光阴……这个，日月嘛……就是……"小陶侃想了半天，结结巴巴说不出个所以然来。湛氏因势利导地指着手里的织布梭子启发他：

"侃儿，这是什么？"

"梭子呗。"

湛氏接着边织布边指着手中来来去去的梭子问：

"侃儿，你看这梭子来去匆匆，快不快呀？"

"快，真快！"

"对，这日子一天天飞快地过去，就像织布的梭子、射出的箭一般快呀。"

"哦，原来日月如梭、光阴似箭，讲的就是日子过得真快啊！"小陶侃茅塞顿开。

"是呀！侃儿，像你这样读书不用心，可日子一天天过去，可惜不可惜呢？"

"可惜！"

"既然可惜，该怎么办？"

"娘，儿懂了。儿要爱惜光阴，用功读书！"

"这就对了。侃儿，从现在起，你一定要用功读书，切莫浪费光阴。"

小陶侃望着慈母那温和而期待的目光，顿时好像懂事了许多。从此，他发奋苦读，结果不负母望，一举成才。陶侃为官以后，也常告诫部下："大禹圣者，乃惜寸阴，至于众人，当惜分阴。"后人为纪念陶母教子惜阴苦读的精神，在湛氏故宅旁建造了一座陶侃读书台，台下为一方洗墨池。尔后，又在读书台附近兴建了"惜阴书院"、"金川望江楼"。

浩然正气 Haoran Zhengqi

截发筵宾雕像

截发筵宾

湛氏与陶侃,过着十分清苦的日子。有一天,陶侃的好友范逵等人途经新干,见冰雪封道,且又天色将晚,特来陶侃家借宿。可是家中"室如悬磬",拿什么来招待客人呢?陶侃一时手足无措,过意不去;范逵也显得尴尬。湛氏见状,连忙上前热情招呼客人,同时要陶侃和客人聊聊天、叙叙旧。然后,她便转过身去安排食宿问题。

家中早已无钱买米,怎么办?湛氏习惯地用手捋了一下鬓角,顿时想出了办法。她趁客人们闲坐寒暄之际,毫不犹豫地拿出剪刀,"咔嚓"一声将青丝剪下,编成假发,旋即出门卖与邻人,换回了油米酒菜。在这冰天雪地里,柴火、马料也难寻觅,湛氏便撬下几块旧楼板当柴烧,把垫在床上的禾草席子拿出来切碎喂马。范逵等人见了,深为感动,连声赞道:"非此母不生此子!"

母亲"截发筵宾"的待人美德,深深铭刻在陶侃心上。故陶侃为官以后,始终保持着"恭而好礼","引接疏远,门无停客"的待人作风。

送子"三土"

陶侃在踏上仕途赴任之际,湛氏特地把儿子叫到跟前,语重心长地教导说:"侃儿，为娘苦了一世，总算看到你有了出头之日；但望我儿要做一个清正之人，不可误国害民。"

"娘，孩儿记住了。"陶侃说。

"为娘拿不出什么东西为儿饯行，就送你三件土物吧。"

"三件土物？"陶侃疑惑不解。

"是的。"湛氏拿出一个事先准备好了的包袱递给陶侃说，"带上它吧，到时你自会明白的。"

来到官府上，陶侃打开包袱一看，只见里面包着一抔土、一只土碗和一块白色土布。他先是一怔，过了一会儿，才慢慢领悟到母亲的用意。原来一抔土是教儿永记家乡故土；一只土碗，是教儿莫贪图荣华富贵，要保持自家本色；这一块白色土布，更是教儿为官要尽心恤民，廉洁自奉，清清白白，永不忘本。

母亲的告诫，深深打动了陶侃的心。后来陶侃在仕途上果然如湛氏所望，正直为人，清白做官。

封鲊责书

陶侃后来到九江做县吏。九江濒临长江，水产丰盛。陶侃又恰好临管渔业。孝顺的陶侃念及还在乡间贫居的母亲，心中总觉深怀歉意。一次，带了一坛子的鱼鲊（一说糟鱼，一说咸鱼），趁下属出差顺路之便，嘱托送交母亲。他是出于一片孝心，想让母亲也能尝尝九江的特产。

自打陶侃远赴九江任职后，湛氏一直十分惦念。儿子的衣食起居，固然使她牵肠挂肚；然而，湛氏更时时牵挂在心、甚为担忧的是陶侃为官如何？儿子还年轻，能否出淤泥而不染呢？

但是，待读罢陶侃来信，并问清楚送来的那坛鱼鲊，乃是公库之物，湛氏变喜为忧，心情极为沉重。她重重地叹了一声气，取过砚墨，挥毫书了个"封"字，将封条贴在鲊坛上，又落笔写道："你身为官吏，竟拿国家公库的东西送来给我，不但不能给我带来什么益处，倒使我更增添忧愁啊！"然后，她对来客说："公库的东西，我绝不能收。这信和鱼鲊，烦你仍带回交给陶侃。他应该明白！"

陶侃收到母亲的"封鲊责书"后大为震动，惭愧不已。从陶侃后来为官清正

陶母退鱼

晋代名臣陶侃年轻时曾任浔阳县吏。一次，他派人给母亲送了一罐腌制好的鱼。他母亲湛氏收到后，又原封不动退回给他，并写信给他说："你身为县吏，用公家的物品送给我，不但对我没任何好处，反而增添了我的担忧。"这件事陶侃受到很深的教育。

廉洁的作风中，我们可以看到湛氏这一次严肃的教育，在陶侃一生中所产生的巨大影响。"封库"的故事就是一个很好的例证。

　　陶侃76岁那年，疾病缠身，经朝廷批准，卸职离开武昌到长沙封地安养。临行前，他对军营的各项资财，如兵、器、牛马、车船等，一一造册登记，锁入仓库，贴上盖有大印的封条，并把钥匙、清册亲自移交给接理这些事务的右司马王愆期手中，然后才登舟启程。此事传开，人人感动，"朝野以为美谈"。不料，船才驶经樊溪，还没抵达长沙，陶侃却因病情加重而逝世了。"封库"，也成为他一生中所办的最后一件公务。

　　从湛氏"封鲊"，到陶侃"封库"，贤母贤子、一脉相承，公私分明、廉洁奉公、高风亮节，传为美谈。

2.欧母画荻教子

> 欧阳修是北宋时期杰出的文学家、史学家,唐宋八大家之一。他出身于封建仕宦家庭,其父欧阳观是一个小吏。在欧阳修4岁时,父亲就离开了人世,于是家中生活的重担全部落在欧阳修的母亲郑氏身上。为了生计,母亲不得不带着才4岁的欧阳修从庐陵到随州,以便孤儿寡妇能得到在随州的叔父欧阳晔的照顾。

欧阳修的母亲郑氏出生在一个贫苦的家庭,只读过几天书,但却是一位有毅力、有见识、又肯吃苦的母亲。她不断给年幼的欧阳修讲如何做人的故事,每次讲完故事都要做一个总结,让欧阳修明白很多做人的道理。她教导孩子最多的道理就是做人不可随声附和,不要随波逐流。欧阳修稍大些以后,郑氏想方设法教他认字写字,先是教他读唐代诗人周朴、郑谷及当时的九僧诗。尽管欧阳修对这些诗一知半解,却增强了读书的兴趣。

眼看欧阳修就到上学的年龄了,郑氏一心想让儿子读书,可是家里穷,买不起纸笔。有一次她看到屋前的池塘边长着荻草,突发奇想,用这些荻草秆在地上写字不是也很好吗?她就用荻草秆当笔,铺沙当纸,开始教欧阳

欧母画荻教子

浩然正气 Haoran Zhengqi

修练字。欧阳修跟着母亲的教导,在地上一笔一画地练习写字,反反复复地练,错了再写,直到写对写工整为止,一丝不苟。这就是后人传为佳话的"画荻教子"。

幼小的欧阳修在母亲的教育下,很快爱上了诗书。每天写读,积累越来越多,很小的时候就能过目成诵。10岁的时候,母亲就经常带他到附近藏书多的人家去借书读,因为自己没有,她就让他把借来的书抄录下来。

一天,他从李家旧纸筐里,发现一本六卷本《韩昌黎文集》,经主人允许,带回家里。打开一看,大开眼界,便废寝忘食、夜以继日地阅读。宋朝初年,社会上多流行华丽浮躁、内容空洞的文风,而韩愈的文风与之完全不一样。欧阳修被韩愈清新自然的文章所打动。他高兴地对母亲说,世上竟有这么好的文章啊!

尽管欧阳修年纪尚小,对韩愈文学思想未必能全部吃透,但却为他以后革除华而不实的文风打下了基础。而正是在这种思想启迪下,一个学习韩愈、革除当时文坛上坏风气的念头,在他的脑海里油然升起。

欧阳修长大以后,到东京参加进士考试,连考三场,都拔得头筹。当欧阳修20岁的时候,已是当时文学界大名鼎鼎的人物了。母亲为欧阳修的出众才学而高兴,但她希望儿子不仅文学成就出众,为人做事也要对得起自己的良心。欧阳修长大做了官以后,母亲还经常不断地将他父亲为官的事迹讲给他听。她对儿子说:你父亲做官的时候,常在夜间处理案件,对于涉及平民百姓的案宗,他都十分慎重,翻来覆去地看。凡是能够从轻的,都从轻判处;而对于那些实在不能从轻的,往往深表同情,叹息不止。她还说:你父亲做官,廉洁奉公,不谋私利,而且经常以财物接济别人,喜欢交结宾朋。他的官俸虽然不多,却常常不让有剩余。他常常说不要把金钱变成累赘。所以他去世后,没有留下一间房,没有留下一垄地。

她告诫儿子，对于父母的奉养不一定要十分丰盛，重要的是要有一个孝心。自己的财物虽然不能布施到穷人身上，但一定要心存仁义。我没有能力教导你，只要你能记住你父亲的教诲，我就放心了。

3. 胡铨清白家规传后人

胡铨雕像

胡铨（1102—1180），字邦衡，号澹庵，吉州庐陵芗城（今江西省吉安市青原区值夏镇）人。南宋文学家，爱国名臣，庐陵"五忠"之一。与李钢、赵鼎、李光并称为"南宋四名臣"。他反对奸相秦桧卖国求和，以身取义，写下了著名的《戊午上高宗封事》，被流放23年。回朝廷任职后，始终坚持抗金、反对议和，爱国之情长存，是我国历史上一位著名的爱国名臣。著有《澹庵集》等。清朝廷为他重修陵墓，乾隆皇帝御笔题词"与日月争光"，刻石于墓碑。

在江西省吉安市青原区中部，有一座1700多年历史的古镇值夏镇。古镇里有座古墓，每年，前来古墓拜谒祖先的海内外胡氏后裔络绎不绝。是谁让胡氏后裔认祖归宗？就是这位被文天祥等庐陵先贤奉为学习榜样的南宋著名爱国名臣胡铨。

五代末年，胡铨一族在芗城开基立业。自胡铨开始，胡氏大振，子孙多以"忠义"自勉，人丁日盛。"自古言之，庐陵胡氏为大族。"如今，吉安胡氏有7万多人，胡铨家族就有4万多人，四海皆有，人杰辈出。

除了胡铨这位重要人物之外，还有什么秘诀凝聚整个家族历经千年风霜而生生不息呢？秘密就在族谱家规里。芗城胡氏以胡铨为代表的家规家训具有典型意义。没有规矩不成方圆。胡铨家族先人们深知家规的重要，特意制定了《芗城胡氏家规十条》，共有礼让、士习、官箴、表率等十条戒律，包含礼仪教化、为官修德、农桑稼穑、缴纳田赋、禁盗安分等内容，教育子孙恪守道德、修养学识、正心修身，保持节义文章的门风。这十条家规，就是维护家族秩序的法则、教育子孙后代的行为规范，家族中每个人必须遵守，如有违反，必受家法处置。

庐陵自古就有耕读传家的传统，对于家族来说，好家规就是传家宝。那么，芗城胡氏家规将什么"传家宝"传给了后人呢？通读《家规十条》，会发现有一个非常重要的内容贯穿始终，那就是"忠"。在中国传统文化道德体系中，"忠"是读书为官者最重要的品质。《芗城胡氏家规十条》，条条都是教育子孙后代要做到入则孝、出则悌、仕则忠。其中，"官箴"对"忠"进行了详细解释："凡有隶仕籍者，无论一绾半通，尚各一乃心奏乃绩，以佐圣明，是之谓忠；以绍祖烈，是之谓孝。毋奔竞，毋瘝官，毋觖望，庶几圣朝名臣，而余姓亦有厚幸焉。"就是教育子孙后代为官要忠于职守，敬畏岗位；要忠于朝廷，报效国家；要忠于祖训，承继宗功祖德；不要追名逐利，锱铢必较；不要荒废官位，无所作为；不要患得患失，牢骚满腹。

为了让子孙后代遵守家规，胡铨家族将这凝聚了先人智慧的《家规十条》写进族谱，世代延续。在《家规十条》严格规范和教育下，胡氏后裔逐渐昌盛起来。南宋前期，正是多事之秋之际，胡铨挺身而出，让朝廷和百姓为之一振。在《家规十条》潜移默化地熏陶下，胡铨从一介书生逐渐成长为一位著名的政治家、文学家。而让胡铨威名远播的，则是史上著名的"一书安邦"的忠贞爱国壮举。

五公祠

1138年8月，当胡铨听说秦桧派人出使金国乞求议和屈辱称臣时，立即写了一篇《戊午上高宗封事》的奏章送给宋高宗。在奏章里，胡铨将家规中的"忠"演绎到了极致，要求杀掉秦桧等奸臣，坚决声明："义不与桧等共戴天！"

这篇饱含爱国激情的"斩奸书"，使得金兵胆寒不敢南下，换得了南宋朝廷20年的安宁。胡铨也因此开始了23年被贬流放的生涯。流放期间，数次上书"斩秦"。胡

胡铨墓

铨在强权面前,始终高昂着不屈的头颅,正体现了庐陵先贤刚正义烈的风骨。

"久将忠义私心许,要使奸雄怯胆寒。"深受家规教育的胡铨,用忠义赢得了生前身后名。抗金名将张浚曾说:"秦太师(秦桧)专柄二十年,只成就得一个胡邦衡。"清朝乾隆皇帝为他重修陵墓,御笔题词"与日月争光",并刻石于他的墓碑。2000年,江西评选千年之中最杰出的十位历史名人,人们将"江西脖子最硬的人"的这个美誉送给了胡铨。

为了能让子孙后代遵家规传家风,一向注重言传身教的胡铨,感念"祖宗创门户之艰难,未有不自子孙不肖破之",在去世前不久,专门用古律写下家训。在家训里,胡铨告诫子孙后代要"立身忠孝门,传家清白规。"

青山无言,忠魂永在。《家规十条》和胡铨家训一并被写入族谱,成为全族世代遵循的圭臬。千百年来,胡氏后裔无不以家规家训为立身做人之本,形成了忠孝、清白的好家风。

在广袤的庐陵大地上,类似胡铨家族的家规家训有许多,许许多多的庐陵家规家训,共同培育出享誉华夏的"三千进士",书写了载入史册的"文章节义"的庐陵文化。

4.杨万里父子名扬后世

杨万里(1127—1206),字廷秀,号诚斋,吉州吉水(今江西省吉安市吉水县黄桥镇湴塘村)人。"南宋四大家"之一,官至宝谟阁直学士,封庐陵郡开国侯。卒赠光禄大夫,谥号"文节"。

杨长孺(1157—1236),字伯子,号东山。杨万里长子。官至广东经略安抚使和福建安抚使兼知福州,以清廉闻名于史册。

杨万里雕像

"文章足以盖一世,清节足以励万世"是明代大家解缙对杨万里的评价。杨万里的官声人品为后世之楷模。清廉传世,门风不坠。其长子杨长孺也成为一名被后世传颂不息的清官。父子二人的清廉名扬后世。

杨万里是一位热忱的爱国者,又是一位清醒的政治家。他一生力主抗战,始终反对屈膝议和。他主张国家命运系之于人民,指斥官吏只会敲骨吸髓地压榨人民,激起人民的仇恨、愤怒和反抗。他立朝刚正,遇事敢言,指摘时弊,无所顾忌,因而始终不得大用。实际上他一生视仕宦富贵犹如敝屣。在做京官时,就预先准备好了由杭州回家的盘缠,锁在箱中,藏在卧室,又戒家人不许买一物,以免一旦离职回乡时行李累赘。杨万里为官清正廉洁,不扰百姓,不贪钱物。

杨万里是一位爱国志士,一生关心国家命运,更是一位学问渊博的诗人,才思健举,写作极为勤奋,平生著述颇丰,留下了大量抒写爱国忧时情怀的诗篇,相传有二万余首,现存诗4200余首。杨万里不以士大夫自居,一生热爱农村,体恤农民,写了不少反映农民生活的诗篇。

1189年,杨万里起任秘书监。他立朝刚正,连上三札,要求宋光宗爱护人才,防止奸佞,做到"一曰勤,二曰俭,三曰断,四曰亲君子,五曰奖直言"。一次,他因地震而上书朝廷,触怒了宋光宗,被贬为江东转运副使。对此,朝中正直之士纷纷为他鸣不平,但他却视仕宦富贵犹如敝屣。1192年,朝廷下令于江南诸郡行使铁钱会子,杨万里上书谏阻,不奉诏,得罪了宰臣,回归吉水老家。

  杨万里归乡后,仍住在父亲留下的三间茅屋里,老屋多年未修,仅避风雨。闲居乡间十五年中,他每天养花种菜、吟诗作文,夫人罗氏则纺纱织布、贴补家用。他们粗茶淡饭,粗衣布衫,完全与村中老农无异,过着清贫的生活。有人说他穷得只剩腰带上有点金子,可是他却把朝廷发他的退休金原样退还。村民们只在有官吏来访时,才会想起杨万里曾是做过皇帝老师的高官。当时朝廷很多人对他辞官回乡、退还朝廷俸禄的事情难以理解,将他"裸退"官场的异事记录了下来。科举时代,多少文人皓首穷经只为获顶官帽,杨万里的举止对他们而言实属异类。杨万里能"以刚大之气,始终一节"、"能固所守"。因此,他死后,皇帝谥"文节",赠光禄大夫,特奉庐陵郡开国侯。

  杨万里这种忧国忧民、廉洁奉公、甘贫乐道的品行,对其子杨长孺影响很大。

扇面:杨万里诗二首

  杨长孺一生都保持着正道直行、廉洁奉公的操守。杨长孺任福州知州时,皇亲强宗拒租抗税,欺压百姓,杨长孺亲率衙差上门捉拿。强宗倚仗皇亲身份,态度傲慢,杨长孺刚正不阿、不畏强权,写下判词:"尔为天子亲,我为天子臣;尔犯天子法,我行天子刑。"强宗最终屈服认罪。在任福建安抚使期间,南安县县令

浩然正气 Haoran Zhengqi

贪污数额巨大，欺压百姓。但因贿赂上级官员，未得处罚。杨长孺拒收贿赂，排除干扰，把该县令绳之以法。对待强权、贪官，他能做到毫不徇私舞弊、秉公执法；而对待人才，他也能做到任人唯贤，不贪财物。杨长孺手下有个县令，有才华也有政绩，但多年未得提拔。该县令打听到朝廷管调动的大臣是杨长孺关系要好的同窗，就想请杨出面向大臣推荐自己。杨长孺说，你的确表现不错，下次朝廷派人考察工作时，我会如实汇报。县令十分感激，硬要给些钱财，请他去京城代为打点。杨长孺推辞说，我从来不知道如何送钱，你把钱给我干吗？县令作罢后仍不放心，又托熟人送条金项链给杨长孺的夫人。杨长孺知道后很生气，把县令叫来狠狠地训斥一顿，把金项链退还给他，县令便以为提拔没希望了。可过了一年，却升了一级，是杨长孺极力推荐的。县令去面谢时，杨长孺说，朝廷需要你这样年轻有为的官员，我有责任推荐你。

　　杨长孺自己和家人都很节俭，对贫苦百姓却十分大方。他任广东经略安抚使一职时，天天粗茶淡饭，节衣食缩，却把自己节约的七百万俸金"代百姓交税"，深受百姓爱戴。

　　杨长孺十分清廉以致晚年非常贫困，在吉水老家的三间茅屋破损不堪，杨长孺也无钱修葺。病重时，仍无殓材准备。后人称赞杨长孺"门风不坠，可敬可师"。死后朝廷追赠其为"大中大夫"，谥"文惠"。

诚心正气、廉洁奉公的家风在杨氏父子的村落得以发扬光大。数百年间，不及300户的淓塘村竟涌现出杨存、杨邦乂、杨丕、杨万里、杨长孺、杨纯师、杨炎正、杨仔、杨复、杨士奇、杨必进等贤士70余人。其中有"显者"八位，获得朝廷谥号者有七人，即"曰襄、曰节、曰惠、曰靖、曰文、曰忠、曰贞，皆美谥"。"诚心正气、廉洁奉公"成为此村落集体人文性格的生动写照。

▶ 5.曾德慈毁家纾国
——文天祥母亲的故事

> 当你吟诵"人生自古谁无死，留取丹心照汗青"这慷慨激昂的诗句时，一定会想到民族英雄文天祥，但你是否知道，文天祥还有一个伟大的母亲！

文天祥的母亲叫曾德慈，江西泰和梅溪人。她出身名门，知书达礼，对文天祥一生影响很大。母亲经常讲一些忠良的故事给年幼的文天祥听，并要他向这些先辈学习。

南宋后期，国家风雨飘摇，百姓流离失所。咸淳十年（1274）九月，元军二十万，兵分两路，向南宋大举进攻。在这危急关头，在江西赣州任职的文天祥，接到朝廷两道加急诏书，要求各地文经武略之臣，率勤王之师立即奔赴临安（今浙江杭州）以救朝廷之危。

手捧诏书，文天祥失声痛哭。三天后，他便传檄诸路，招兵屯粮。然而，要招兵买马，谈何容易？朝廷眼下自顾不暇，根本没有办法给招募的军士发放粮饷，因此所需军费都要各地自行解决。怎么办呢？文天祥思考再三，没有别的办法，决定将自己的家产全部捐献出来，充当军费。

"母亲会同意吗？"惴惴不安的文天祥来到母亲的房间，坐在母亲的面前。看着两鬓已经染上了白霜的母亲，文天祥满怀酸楚，母亲老了。过了一会儿，文天祥才对曾德慈说："母亲，眼下国家危难，孩儿在不到一个月的时间内，连接朝廷两道诏书。"

浩然正气 Haoran Zhengqi

咸淳十年，文天祥被朝廷起用后在赣州做知州。这时，元世祖忽必烈迁都燕京建立元朝已三年，又向南宋大举进攻。一天，文天祥正在检查城防，忽接圣旨说，元军正顺长江水陆两路东下，命各州立即起兵勤王。

"哦，诏书上说了什么？"曾德慈关切地问。

"太皇太后要各地文武官员，招勤王之师赴京抵御元军入侵，而且近日就要启程。"文天祥答道。

"国难当头，理当为国效力，你放心去吧，家中之事不必挂念！"曾德慈以为文天祥要辞行，毫不犹豫地说。

文天祥欲言又止，"只是……眼下军费难筹，儿子我决定……"

曾德慈见儿子吞吞吐吐，想必是有难言之隐，于是她说："孩子，有什么事快告诉为娘！"

"母亲，孩儿不孝，请您老人家原谅！"说话间，文天祥便双膝着地，跪倒在曾德慈面前。曾德兹见状，大吃一惊，她赶忙起身扶起文天祥："孩子，快快起来！有什么事情好商量，你何必要这样呢？"

文天祥缓缓立起，扶母亲坐下后说："母亲，由于军费不够，孩儿决定将家产变卖，并将历年的积蓄也全部捐作义军的费用。"

曾德慈一听是这事，沉吟不语。文天祥见状忙说："母亲，孩儿不孝，不仅不能好好侍奉您老人家，反而要把仅有的家产都捐出去。如果您不同意，孩儿再另想办法。"

"不，孩子！"曾德慈心疼地望着文天祥，"你这是办正事，办大事，娘支持你！娘明白，皮之不存，毛将焉附。国都快没了，还有什么家？孩子，这是为国效力，娘还有什么不舍得！"

说完，曾德慈起身走到梳妆台前，从抽屉里拿出一个首饰盒，递给文天祥："孩子，这是娘的一些陪嫁首饰，还值些钱，你拿去当了，补贴点军费吧！"

"母亲，这怎么行？！您还是留着吧！"文天祥连忙推辞。

"孩子，你一定要收下！这就算娘献给义军的一份心意。勤王大军众将士能为国流血捐躯，我这点东西又算得了什么？快快收下吧！"曾德慈将首饰盒硬塞到文天祥手里。

望着深明大义的母亲，文天祥捧过首饰盒，哽咽道："母亲，孩儿代表义军谢谢您老人家！"

在文天祥的号召组织下，一支一万余人的义军在很短的时间内迅速组建起来。

文天祥当即毁家纾难，把自己家产及全部俸禄献作军费。众官员豪杰为之感动，也纷纷捐献。他对大家说："我相信有这样的百姓，南宋是不会灭亡的！"众人慷慨激昂："望大人旗开得胜！"

文天祥率领军队，驰骋在抗元的最前线。

曾德慈老人的壮举，激励了当时的许多人。祥兴元年（公元1278年）八月，朝廷加封文天祥为少保信国公，封曾德慈为齐魏国夫人。消息传来，已经病重的曾德慈感到无比欣慰，她为儿子感到高兴。一个月后，曾德慈不幸病逝。当时，文天祥正处在抗元的紧急关头，无暇为母亲服丧，为此，他在《哭母大祥》诗中写道："古来全忠不全孝，世事至此甘滂沱。"他相信，母亲会理解他的选择，因为尽忠于国家，也是母亲对他的一贯教诲。

"母亲教我忠，我不讳母志。"文天祥壮烈的一生，确实是在履行着母亲对他的殷切期望和谆谆教诲。

真是：一门皆忠义，美名天下扬！

6.杨士奇母亲教儿行正道

杨士奇（1366—1444），名寓，字士奇，以字行，号东里，江西泰和（今江西省吉安市泰和县澄江镇）人。明代大臣、学者，官至礼部侍郎兼华盖殿大学士，兼兵部尚书。历五朝，即明惠帝朱允炆、明成祖朱棣、明仁宗朱高炽、明宣宗朱瞻基、明英宗朱祁镇。其中在内阁当辅臣四十余年，首辅二十一年。著有《三朝圣谕录》《文渊阁书目》《历代名臣奏议》等。在文学上颇有成就，与杨荣、杨溥形成明初以"三杨"为代表的"馆阁体"派，杨士奇为诗派盟主。诗歌雍容典雅，创造了一种铺扬功德、点缀太平的诗风，左右了当时诗坛。一生见证了明朝的由盛转衰，后因子致仕，不久忧虑不起。正统九年，杨士奇去世。赠太师，谥"文贞"。

杨士奇画像

自隋朝科举制度取士起，各朝代皆从科举考试取得功名的人当中挑选官员。但杨士奇并没有经过科举考试取得功名，而是通过自学成才，以布衣之身入朝为官，一步步走上政治的巅峰。他寒士拜相，事变显扬，名闻遐迩，为世人所称道。史官称他是"质金相，通达国体"，"大雅之明哲焉"。杨士奇能从一介布衣官至公侯无不与幼时其母教导有方密切相关。

杨士奇出生于元至正二十五年（1366）。他的婴儿时代正是朱元璋和陈友谅以江西为主战场决战的时候，连年的战火吞噬着百姓的家园，民不聊生，为了躲避饥荒，杨士奇的父母带着他四处奔走，以求生存。在杨士奇一岁半的时候，他的父亲杨美因病去世。对杨士奇而言，他的童年是不幸的，但庆幸的是，上天给了他一个好母亲。

杨士奇的母亲慈爱善良、知书达理，常常以他的家世和亲朋邻里的传统美德

浩然正气 Haoran Zhengqi

杏园雅集图。正统二年（公元1437年），内阁大臣杨士奇、杨荣、杨溥及画家等十人在杨荣的杏园聚会

对其进行教育。同时杨母也是个有远见的人，即使在四处漂泊的时候，仍不忘记做一件事——教杨士奇读书。在遍地烽火的岁月中，她丢弃了很多行李，唯有丈夫留下的书籍没有丢弃。杨士奇曾记录母亲的一言一行，汇编成一本《慈训录》，书里回忆母亲在他幼年时代对他的训导："余五岁，先夫人教之读书，日必令识五六字。"杨士奇的母亲是个不同寻常的女子，她的不同寻常在于她即使生活得无比艰难也并没有丧失对生活的希望。她把希望全部寄托在儿子身上。有一次，杨士奇干完家务活，就拿起书来读。母亲看到了很高兴，对杨士奇说："人居世未必长贫贱，亦未必长富贵。但贫贱入富贵，非读书未易得也。"意思是穷不过三代，富不过三代，贫贱富贵是可以相互转换的，但从贫贱到富贵，必须经过读书这个环节。我们不得不被杨士奇母亲的远见卓识而深深折服。

后来母亲改嫁当时任德安同知的罗性，杨士奇从此多了一位继父。罗性，字子理，出生世家，当时已是名士，且有官职在身，性格耿直，但生性高傲。他对跟着自己新娶进门的妻子所带的与自己没有血亲关系的小孩没什么好脸色。杨士奇进罗家不久，就被强令改为罗姓。杨士奇虽然年纪小，但他能感觉到自己与其他孩子的差别所在，他唯一能做的就是更加顺从乖巧，以免给自己和母亲带来麻烦。

一次，罗家举行祭祀先祖的仪式，年仅八岁的杨士奇被触动了，他想起了逝去的父亲和颠沛流离的生活。在《慈训录》里，杨士奇回顾了母亲对他的谆谆教诲。"余七八岁颇有知，恒告以先世事曰：'汝无父，当谨识勿忘。'余尝得先祖、先考片文只字归，先夫人识之曰：'此手笔也。'必为整齐珍袭曰：'汝不识祖、父，见此即见祖、父矣，宜宝重之。'"这段话的意思是：我七八岁的时候渐渐懂事了，母亲经常把亡父的一些事情告诉我，并告诫我说你父亲虽然不在了，但你不能忘记自己是杨家的子孙。我曾经得到一些祖父和父亲写过字的纸张，母亲看过后对我说这是他们的手迹，母亲很慎重地整理好对我说你没有见过你的祖父和父亲，见到他们写的字就好像见到了他们，你一定要把这些东西像宝贝一样重视。当他看到罗家在祭祀祖先之时，他也想祭祀自己的祖先，但是罗家的祠堂绝不允许有杨家的位置，如果他敢公开祭祀自己的家人，恐怕继父罗性会不高兴。但这个年仅8岁的小男孩并未放弃，他从外面捡来土块，做成神位的样子，找到一个无人注意的角落，郑重地向自己的亡父行跪拜礼。

杨士奇所不知道的是，他这自以为隐秘的行为被一个人看在了眼里，这个人正是罗性。不久之后，罗性找到了杨士奇，告诉他自己看到了他祭拜祖先的行为，还告知他从今往后，恢复他的杨姓，不再跟自己姓罗。杨士奇十分惊慌，他以为

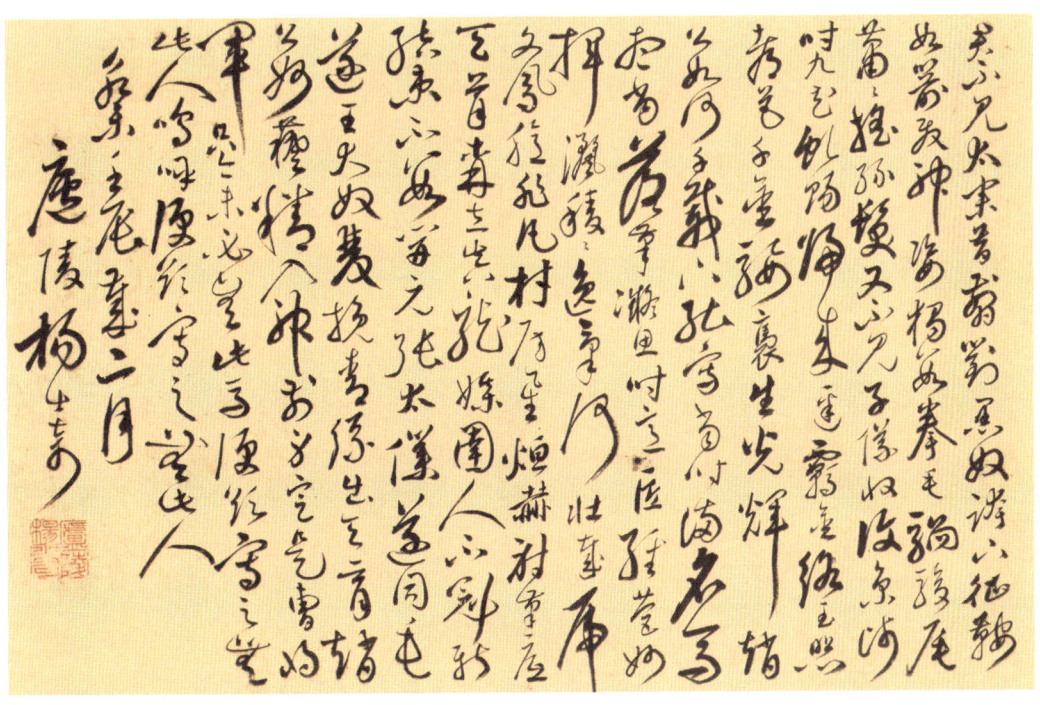

杨士奇草书

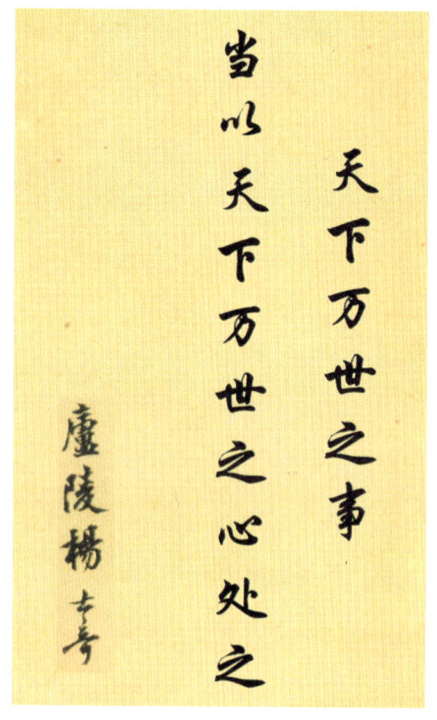

是罗性不想再养他,要将他赶出门去。罗性却摇了摇头,叹息道:"我的几个儿子都不争气,希望你将来能够略微照顾一下他们。"他接着感叹道:"你才八岁,却能够寄人篱下而不堕其志、不忘祖先,你将来必成大器!你不必改姓了,将来你必定不会辱没生父的姓氏。"罗性何出此言?他认为,假如一个人能够时刻不忘祖先,虔诚祭祀祖先,感激祖先对我们赐予生命的恩德与幸运,对待祖先的美好品德见贤思齐,将来定能发扬先祖精神,壮大自己的家族而不懈奋斗,不断反省自己的行为,使自己不"愧对先祖"。人生又怎么能不辉煌呢?

母亲的教诲影响了杨士奇的一生。她启蒙了杨士奇幼小的心灵,在贫困交加的逆境中,她指引了杨士奇在读书之路上自我修行。后来杨士奇果然成为明代重臣,历经五朝,他举贤良,远小人,对皇帝尽忠,为百姓尽责。明朝的辉煌与强盛,杨士奇功不可没。

7.高妙莹以德训子

> 高妙莹(1325—1397),字淑婉,吉水县醪桥坝溪村人。解缙母亲。善良淑慧,教子有方。解缙对母亲的教诲终身不忘,作《读书吟》,以表示对母亲的怀念。

解缙小时候,母亲高妙莹就给他讲古人"画荻识字"的故事。解缙4岁那年,有一天,她发现解缙没有在屋里读书,就顺着通往河边的小路,一直找到河边沙滩上,发现在一双短小脚印尽止的地方,扔着一些短小的芦苇秆,抹平了的沙滩上,大一个,小一个,写着许多字。后来,她再三盘问解缙,才知道解缙每天都偷偷跑到河边来画沙练字，复习母亲教的诗文，高妙莹心中非常高兴。从此后，她更加认真严格地教育解缙。

一天清早，高妙莹吩咐解缙扫地，解缙拿起扫帚边扫边说："打扫庭前地。"母亲在房内听了解缙这话，责备说："缙儿，吟诗有严格的格式，不能胡诌，文如其人，小孩子先要学好做人，才能写好诗文，不要贫嘴，扫完地就去放鸡。"放鸡时，解缙又顺口说："放出笼中鸡。"母亲听他又胡诌，便生气地说："刚刚教你不要信口开河，为什么又打瞌说？"解缙急忙分辩道："娘，分明是说话，怎道我吟诗？"母亲见他又以诗作答辩，心想：光禁止是不行的，要引导他走上吟诗的正路。于是，她请来一位老先生以《小儿何所爱》为题，教解缙做人写诗。

元末明初，兵荒马乱，但高妙莹并没有放松对孩子的教育。没有课本，她就自己抄写《孝经》《论语》和杜诗等古今圣贤的格言警句以教子。一天，高妙莹把抄写的"人生自古谁无死，留取丹心照汗青"的格言给解缙读，并问："你知道这两句诗是谁写的吗？""知道，是文天祥写的。""是的，"母亲说，"像这样的英雄，我们吉水还有几个，杨忠襄也是一位了不起的英雄。""是杨邦乂？""对，你知道皇上为什么追谥他为'忠襄'吗？""不知道。""是这样，南宋初期，金兵攻下南京，金兀术封官许愿，诱他投降，他破口大骂，金兀术无计可施，就把他残酷杀害了。""噢，是这样，真是好样的。""孩子，做人就要像这些英雄一样，有忠贞报国的正气。"母亲还经常教育解纶、解缙兄弟之间要团结、要互相帮助。因此，大哥解纶常帮助和督促解缙努力学习，使弟弟跟着自己一同进步。

高妙莹还向子女进行勤劳治家的教育。她忙中抽闲，经常自己磨豆腐，有时自己吃不了，便叫解缙挑上街去卖，

解缙画像

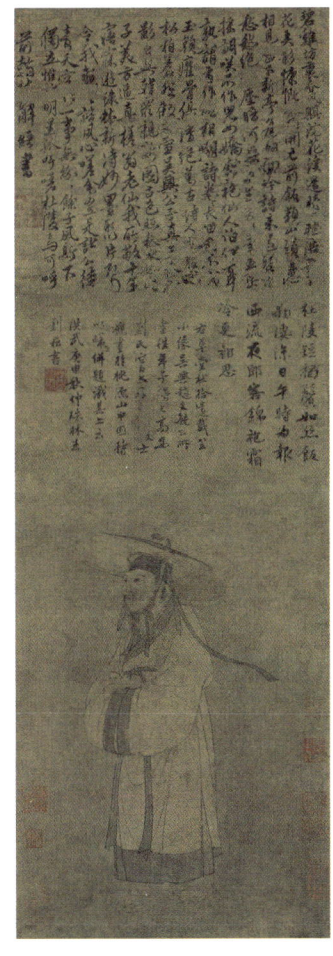

明朝大才子解缙行书《跋赵孟頫自描画杜甫像》

故此,解缙后来有"手推乾坤家中转,肩挑日月街上卖"的诗句。

高妙莹晚年得了肺病,临死时对儿子说:"死是每个人所不能避免的,我年纪70多岁,且儿孙满堂,超过我的父母兄弟啊……送葬的物品对死人毫无益处,金玉珠宝,更加不宜。本来出于爱怜,反而惹祸,我经过离乱,所见到的事情多啊,装殓只要素衣粗布、简朴的棺材就可以了,最重要的一件事是你们要好好读圣贤书,做个正直人。"说完,闭上了双眼。

▶ 8.朱中楣严教儿子

> 朱中楣(1622—1672),字懿则,号远山,吉水县盘谷镇谷村户部尚书李元鼎之夫人。她出生于南昌,是瑞昌王后裔,也是明末清初杰出的女诗人。

清朝初年的一个春暖花开的季节,正是莺歌燕舞的天气。李振裕天刚蒙蒙亮就起床了,离考举人的日子不远了,他对自己的学业一点也不敢怠慢,一天起来三件事:背诗、练字、搬花盆。他遵照母亲的教导,十几年如一日,从未间断。每日晨起他都先背诵唐诗一首,有道是:"熟读唐诗三百首,不会写诗也会吟。"从6岁到24岁,他已经背出唐宋诗词一千多首了。接着练字,一张六开的"毛八(边)纸"上写10个寸楷、90个小楷。"金溪书,毛八纸,临川才子天下仕",以毛八纸练字,有宣纸的功效,既得力又节俭,这是母亲的经验。字乃文章之门户,非练好字不可,

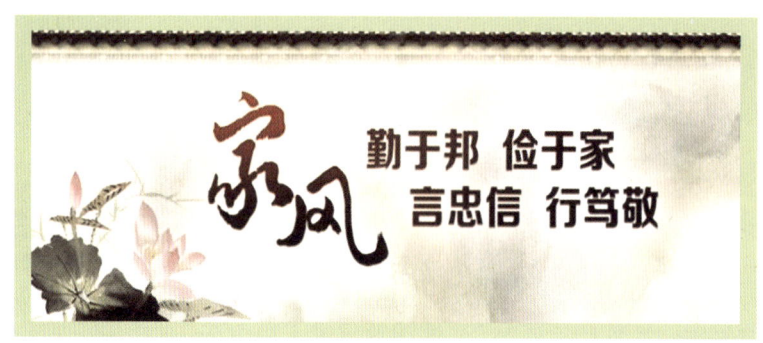

这是母亲的体会。最后是把二楼阳台的12盆"月月艳"搬到楼下院子里。他知道母亲教他把12盆花早上搬出，晚上收进，就是要自己劳其筋骨、砺其心志。

朱中楣比儿子起得更早，儿子背诗她在听；儿子练字，她在看，并时而指点；儿子搬花，她跟着上下浇水，一是锻炼体质，二是以身作则。儿子的举动她满意了，高兴地说："裕儿，你长进了，但不可自满，今天是清明节，我去扫你外公的墓，怕耽误你的学业，不带你去。若中午我没回来，你就到大姨家去吃中饭，切记虚心向朱老夫子求教，不可贪玩哦！"母亲再三嘱咐，儿子点头称是。母子匆匆用完早点，各走各的道。

扫完墓，朱中楣拗不过舅妈的热情挽留，终于吃完中饭才回家。可是赶回家，发现儿子不在家。朱中楣匆忙奔到姐姐家里。姐姐说振裕打过招呼，与同村好友去茶肆叙旧去了。朱中楣一听，耳朵嗡嗡直响，认为儿子竟擅自出入

酒馆茶肆，不得了啦。朱中楣慌忙赶到茶肆，果然见李振裕与几位青年男子坐在雅室喝酒闲聊，差点儿气得晕过去。公共场合不便训斥儿子，只好把儿子叫回家去再说。

儿子回家后，朱中楣百感交集，儿子不听教导，与人同流，怎么来教育他，的确是头痛的事。她回想与丈夫筑石园于洪城之南，就是为了给儿子创造优越的学习环境。她让儿子进最好的学堂读书，请最好的先生教儿子理学。除此以外，又对儿子进行严格的家教。夫妻分工，丈夫教儿子为文，她教儿子作诗。丈夫古文取法欧阳修，文笔清新、流畅、活泼，代表作《青原山观瀑记》，探幽觅胜，曲尽其妙，可与柳宗元比肩，被列为明末清初江右名家。父对子心传口授，儿子行文颇有父亲的遗风。自己的诗词虽然比不上李清照等名家，但也不失为女中佼佼者。儿子在自己的精心教导下，吟诗作词也具一定水平。她的家教，严于四字，教、

磨、陪、训。教，就是传授知识及"养成"教育。磨，就是磨炼意志，除上述说的搬运花盆之外，还有上学不管路途远近不许坐车乘轿，只许走路；每天粗茶淡饭，10天吃一次肉食，从来不带儿子上馆子吃喝。陪，就是除先生教学外，自己给儿子开小灶，早上陪着练字，夜晚陪着读书，向儿子讲经说史，章句分析。训，当然是责罚，但不是打骂。儿子犯规，就是要儿子拜孔子悔过。儿子一贯听话，砥砺苦读，攻经研文，学业优秀。但今天为什么会上茶馆呢？总觉得对儿子的教育还缺点什么？呵！她忽有所悟，儿子缺乏正气教育。于是她平心静气地对儿子说："裕儿，清明节你未回乡扫墓，就焚香拜你父亲的灵牌，背一遍遗嘱，尽尽孝心吧！"儿子唯命是听，立即焚香，虔诚地对着父亲的神位三拜九叩之后，伏地背遗嘱："一曰忠，上不欺君，下不扰民。二曰孝，敬父如天，敬母如地。三曰勤，日出而作，日入而息。四曰俭，节财节食，简朴度日。五曰学，勤学苦读，功名无虑。儿辈切记，终生勿忘。"接着朱中楣又到书房陪儿子读书，讲了英杰杨邦乂当年酒楼焚衣拒淫欲的故事。又讲杨万里以族权杨邦乂为榜样，决然夜拒酒女陪酒的故事。之后，郑重地说："裕儿，酒馆茶肆乃是非之地，不是正人君子所去的地方。"李振裕心知肚明，母亲是借题发挥，指责他今天上茶馆之事。他虔诚地说："娘的教诲，儿永远记在心里，可今天不是那么回事……"母亲抢过话说："有什么是不是，不要找什么借口了，好好反省吧，知错能改就好。"儿子点头说："是，是，娘的教诲，孩儿牢记。"

可是第二天放学，李振裕又没有回家吃午饭，只托人寄个口信，说是到同乡家里去了。朱中楣听了，急得团团转。丈夫去世了，儿子长大了，管不住了？一边想，一边急急忙忙赶到那位同乡家里。进书房一看，儿子并没有闲聊，正在那里抄写什么。她拿过来一看是家乡谷村的《仰承集》，儿子抄的是宋代李邀的事迹：金兵入侵，邀奉旨驻防真定，城破被俘，囚禁三年中，穿汉衣，留汉发，骂贼不绝。金人以铁杆猛击他的嘴巴，牙齿尽落，仍奋舌骂敌，血流尽而死。还有李邦华的绝命诗："人生自古谁无死，留取丹心照汗青。今日骑箕天上去，忠魂千载佑皇明。"等等。她看完这些之后，笑着说："裕儿，原来你是抄这个，为什么不早说，吓出娘一身冷汗。"李振裕说，我昨夜想说可你又不让说，因怕娘难堪，干脆不作声，因为昨天根本就不是去逛茶馆，为的是抄《仰承集》的英杰文献。

皇天不负苦心人，李振裕在母亲的教育下，25岁中举人，28岁举进士，历官清朝礼、工、刑、户四部尚书。

9.仁德路

160多年前的清朝道光年间，新干县三湖镇桑头村一个姓黄的人，妻子得病去世了，留下一个不到两岁的孩子，名叫吉启，黄某再娶刘氏为妻。真是祸不单行，他弟弟的妻子也去世了，留下一个两三岁的儿子，名叫吉晒。他只得把侄儿接到自家来带。

刘氏嫁到家境还不错的黄家来填房，生活上还比较好，但最麻烦的事，就是要照顾这两个没有妈妈的小孩子。刘氏有点文化，知书达礼，又善良温和，对两个小孩，如同自己亲生的一样，体贴疼爱。她勤俭持家，让丈夫在外面做事赚钱，自己把家里的事情打点得妥妥帖帖，村上的人都说她是个难得的好媳妇。填房的刘氏后来也生了孩子，可对前房生的儿子吉启和侄儿吉晒一点也不轻看，有什么好吃的，让他俩多吃一点。小孩子顽皮闹事，她总是先责怪亲生的孩子。吉启、吉晒两个叔伯兄弟从小就把刘氏当作自己的母亲。到了上学的年龄，刘氏把他俩

送到当地最好的书馆去读书。吉启、吉晒很懂事，听刘氏的话，学习一直很好，又懂礼貌，长大后，两人都当了官。人们都赞扬刘氏的仁心贤德。

　　过了几十年，刘氏将近80岁了，丈夫已经去世，她和儿孙们在一起，生活得很幸福。吉启、吉晒俩叔伯兄弟，打算出钱给继母做80大寿，准备宴请亲戚朋友和全村的族人，请戏班子到村里来唱戏，热热闹闹庆祝几天。他们把这个打算跟刘氏说了。刘氏当然很高兴，她说，你们的孝心我心领了，不过，我觉得还是不要这样做为好。我60岁、70岁时已经做过寿了，你们都花了不少钱，现在这么大年纪了，不晓得还能活几天，再做寿就没有必要了。还不如把拿来给我做寿的钱，给村里做一些好事，也算是为子孙后代积点德。

　　吉启、吉晒两人见继母这样说，觉得还是老人家的话有道理，就打消了做寿的计划，问继母做什么事好？刘氏说，你们兄弟俩都很有出息，算得上是远近有点名气的人，要做就做件大事。他俩问，多出点钱没关系，只要能扬扬您老人家的名声就行。刘氏说，我们村通往三湖街上的路，高高低低不好走，又不宽，一下雨，尽是泥巴，又有水窝，脚打滑，村民们担东西走很吃力。村上的人早就想修宽修平这条路，可总是没人出头，要家家户户凑点钱也不容易。干脆你俩出点钱修一下这条路吧。吉启、吉晒很是赞同，就跟村上的族长、房长等人说，要用给继母做寿的钱来修路。这个消息一传开，村上的人很高兴，都表示愿意出工出力，一同来修好这条路。于是，他们兄弟俩出钱买条石砖块、沙子石灰等材料，乡亲们主动来出劳力。就在刘老太太80岁诞辰前几天，近4里长的石板路铺好了，儿孙们扶着刘老太太到村头路边去看看新修的路，她满意地笑了。过了不久，当地的知府大人听说了这件事，在新干县巡查时，特地到三湖镇，沿着新修的石板路，一直走到了桑头村，到黄家看望了刘氏老夫人，高兴地叫人铺纸拿笔，题写了"仁德夫人"四个大字，还命部下制成匾额，挂在黄家厅堂上。以后，人们就把这条路叫作仁德路。

第三章　铮铮铁骨

居天下之广居，立天下之正位，行天下之大道；得志与民由之，不得志独行其道；富贵不能淫，贫贱不能移，威武不能屈：此之谓大丈夫。

——《孟子·滕文公下》

千锤万凿出深山，烈火焚烧若等闲。粉身碎骨浑不怕，留得清白在人间。

——明·于谦《石灰吟》

咬定青山不放松，立根原在破岩中。千磨万击还坚劲，任尔东西南北风。

——清·邓燮《题画·竹石》

1. 陈乔谏国尽忠惟身死

陈乔画像

陈乔（？—975），字子乔，五代十国时南唐大臣，今吉安市峡江县水边镇人。陈乔历任吏部侍郎、翰林学士、承旨枢密副使、门下侍郎兼枢密使，后改任右内史侍郎兼光政史辅政。五代交替、十国纷争之秋，政局异常不稳，陈乔不顾自身安危，一次次忠心进谏，他爱国爱民的行为深受称赞，后人称他为一代忠臣。

陈乔出身于仕宦之家，自幼敏悟，赋诗作文，文辞清畅。南唐天福二年官至兵部尚书的父亲陈浚，卒于任上。尽管家境不太富裕，陈乔还是将自己的家产不分亲疏分配给家族邻人。

陈乔初授太常寺奉礼郎，历官屯田员外部、中书舍人。显德二年后周世宗柴荣发兵征讨淮南，南唐中主元宗李璟显得非常紧张，不知如何对付。大臣陈觉、李征古上奏，请起用庐陵名士宋齐丘辅政。李璟召见陈乔，想听听他的意见。见面后，觉得陈乔的确有辅臣之才，心里挺高兴的。有一天，李璟准备让陈乔起草诏书，但是诏书的内意却是陈觉和李征古安排好的，陈乔知道后认为不妥，想入宫上奏。按当时朝廷规定，文武大臣非召见不得入宫。陈乔为了让元宗李璟有自己的主见，当个好皇帝，不顾规定，说服了卫兵，直闯宫中，对皇帝说："陛下完全听从陈李二人意见是不妥的，朝廷大小事都由他们策划，群臣心目中哪里还有陛下呢？请陛下想到国家的每一寸土地和每一名百姓，那么陛下就不会只为了自身安全，而不顾江山社稷。否则，怎么对得起先祖创下的大业呢？再说，当年吴国让皇禅位而失国被囚禁丹阳宫幽幽而死的事，陛下是亲眼看到的。假使治理国家到了这个地步，陛下无论求谁都无济于事了。"陈乔这些肺腑之言使李璟深受感动，后来皇帝多次对皇后和诸皇子说："此忠臣也，他日国家急难，汝母子可托之，我死无恨矣。"

　　显德六年（959），赵匡胤发动陈桥兵变，取代后周，大宋兴起，次年改元建隆。建隆二年（961），李璟迁都洪州，是为南都，让陈乔辅助太子李煜，留守金陵（今南京）。同年6月，李煜继位，即南唐后主，却用大宋年号，对宋朝俯首称臣。

　　开宝七年（974），宋太祖赵匡胤派出使者召后主李煜入汴梁（今开封）朝见，后主不敢违命，准备前往。陈乔竭力劝阻说："陛下如果硬要前往，必然遭到囚禁，如何回得家来？"后主听劝后，就以身体不适为由不去了。赵匡胤又派大将曹彬带兵马围攻金陵加以威胁，让后主在京当人质的弟弟带信，请后主务必快速启程入朝，并命曹彬暂缓攻城，等待后主选择。在兵临城下之际，听说后主仍然坚持前往，陈乔又反复规劝。当时，刘澄在润州（今江苏镇江市）投降宋太祖，后主闻后，惶恐不安，不准备加罪于刘澄。陈乔愤愤地说："朝中大臣辜负陛下重托，不以守住城池为自己的责任，反而开城投敌，这是绝对不能容忍的。"随后后主就将刘澄处死。朝廷上下听闻此事，无不担心地说："像陈乔这样的忠臣，一定会以死报国的。"

陈乔雕像

浩然正气 Haoran Zhengqi

　　金陵快要陷落时，后主亲自拟写投降书，命陈乔面呈曹彬。陈乔将投降书留置在家中，对后主说："自古以来，投降不可能保住国家，与其自取侮辱，不如痛下决心背城一战，就是死了也对得起国家和人民。"后主痛哭流涕，紧握陈乔的手，悲切地说："难得你一片忠心，你真是一名赤胆忠臣。现大势已去，我不能听从你的了。"陈乔无可奈何地说："既然如此，不如将臣处死，将一切罪名都加在臣头上吧。"后主无言以对，拂手而去。陈乔来到政事堂，招来两名亲信，将所佩金带等物解下交给朝臣，说："我死后，请你们藏好我的尸骨。"说完，陈乔在政事堂自缢而亡。陈乔的两位侍从拆除床榻为棺，将其掩埋。一代诤臣，就这样无声无息地去了。

▶ 2.宋齐丘谏改税赋促繁荣

宋齐丘画像

宋齐丘（887—959），字子嵩，南唐庐陵（今吉安县）人。五代十国时在吴国、南唐任右仆射、平章事、丞相等职。晚年退职回家，隐居九华山。959年春自缢殉国，谥号"丑缪"。

　　宋齐丘为官时心系百姓，辅佐朝廷有方，他谏改税赋制度惠百姓的故事至今仍在民间广泛流传。

　　宋齐丘步入仕途时的华夏神州，正是狼烟四起、战火连年的五代兴亡、十国纷争的动乱岁月，黎民百姓遭受着妻离子散、家破人亡的浩劫，承受着颠沛流离、水深火热的深重灾难。处在江淮富庶地域的吴国，也是满目疮痍，朝廷一时也拿不出恢复生产、发展经济的良策。

　　时任朝官的宋齐丘，仍保持着庶民时那种常与朋友论朝政、聊民生的习惯。一次在闲聊中得知城里的店铺虽然生意萧条，但店铺数量与日俱增，他立即深入实地考察，发现这是一些弃农经商的农民开办的。宋齐丘顿时恍然大悟，原来这是吴国的田税只收现钱、不收谷帛而导致的后果，脑海里立即冒出一个改革田税制度的方案。

一次朝议时,宋齐丘抛出田税改革方案:一是改田税收现金为缴谷帛,鼓励农民安心种田,发展生产。二是提高农产品收购价格,让农民得实惠,将每匹绢五百文提高到一贯七百文;绸六百文提高到二贯四百文;绵每匹十五文提高到四十文,且不能按市价跌落时的低价结算。三是农民所交租税的实物,要按高于市场价格3~4倍的标准计价抵税款,鼓励农民多交田税。

话音未落,朝议厅中就像炸开了锅,哗然一片。群臣极力反对,认为这样做将会使朝廷受损,国库空虚,怎能富邦强兵,

宋齐丘雕像

阻敌入侵?大家你一言我一语,朝议厅成了唇枪舌剑的战场,指责声、争辩声此起彼伏。"我们是少年苦读书,壮年入仕途,终身受俸禄,你宋齐丘不学无术,哪里懂得理政理财!"朝廷一官员趾高气扬地指责宋齐丘。更有甚者,指责宋齐丘是敌国帮凶,想从内部搞乱政纲、毁我社稷,要求把他贬为庶民、驱出朝廷。

一声声指责,一声声谩骂,一句句冷嘲热讽,就像一把把尖刀直插在宋齐丘的心上。宋齐丘一生坎坷,没有考取功名,他改革税赋的建议,实是富民安邦强兵之良策,而那些因循守旧的朝廷官员却不理解。

宋齐丘面对着一片指责,胸有成竹地阐述:钱银不能直接从谷帛中产生,而田税制度规定必须交现钱,这就迫使农民生产谷帛后还要经过一次货币交换的过程,谷贱伤农的情况时有发生。这样做农民风险增大了,直接影响了农民的利益,造成农民不愿意种田,都去开店挣钱,长此下去,农田荒芜、百姓饥寒,哪里有商可经,有钱可挣?只有农民富裕了,国库才能殷实,国家才能富强。公说公有理,婆说婆有理,皇上一时难以定论,只好草草散朝。

一波未平,一波又起。事隔数日,宋齐丘又在朝议时提出了废除"丁口税"的奏议,这等于又在朝廷丢了一颗重磅炸弹,反对的声浪就像海啸,一浪盖过一浪。

有的官员还引经据典进行反驳,说丁口税历朝历代都有,史籍上有"国家税收,三分之二取于民田,其一取于丁口"的记载,不能废除。

想到丁口税,宋齐丘的眼前就浮现出一位饱经风霜的老人卖儿卖女的凄惨情景。有一次,宋齐丘外出会友,途中遇到一个身上破衣烂衫、脸上刻满皱纹的老人,站在刺骨的寒风中,牵着一对儿女叫卖。看见宋齐丘过来,老人立即跪地求买。宋齐丘问其缘由,老人答道:"种田交税要现钱,家里人口多要多交丁口钱,我一生种地,人也老了,病也多了,家里早就揭不开锅了,哪里交得起这么多钱,只有卖掉最小的一对儿女换税钱,求大人开恩,行行好吧!"

宋齐丘目睹了这一惨状,深深体会到"苛政猛于虎"的含义,脑子里立即蹦出个"废除丁口税"的想法。可是奏议一出,便遭众臣反对。面对群臣的争辩,宋齐丘以理据争:"为君为臣者,首先一条是要忧国忧民,廉守忠孝节义,而目前国穷民困,赋税繁杂,国家怎能兴旺,众臣们都是三妻六妾,七子八女,谁交了丁口税?为什么百姓就一定要交?"宋齐丘的一番话,说得群臣哑口无言。

事后,宋齐丘利用工作之便,反复向皇上灌输"民为邦本"的古训,要树立君轻民贵的观念。王者以民为天,民以食为天。对民间疾苦毫无知晓,无关心体恤之情,这样的国君百姓不会拥戴。水能载舟,也能覆舟,只有百姓富裕,国家才能强大。在宋齐丘的劝谏下,吴国把宋齐丘的奏议作为"劝农之上策"在全国颁布实施。老百姓种田的积极性迅速高涨,开荒种地,栽桑养蚕,丰衣足食。不到十年,吴国呈现了"旷土尽辟,桑柘满野"的繁荣景象。

3.萧俨刚直方正显忠心

萧俨(907—约982),字茂辉,永新秋山脚下人。儿时就聪慧异常,博览群书,诗文大气磅礴,想象绮丽,气韵昂扬,人称"山旮旯里的小神童"。10岁时,赴当时(五代十国)南方(杨吴)的京城广陵(今扬州)参加童子科试,中试。稍长,授秘书省

萧俨画像

正字,后升为秘书郎。30岁时,吴帝禅位,南唐烈祖改任萧俨为刑部郎中。36岁,任大理卿兼给事中。以后历南唐中主和后主,多次诤谏,而"言者谆谆,听者邈邈"。

萧俨一生所处的"五代十国"时期,是我国历史上一段大分裂、大混乱、大破坏、大变革时期,上有暴君,下有酷吏,大小统治者激烈角逐,兵燹不断,社会、经济、文化受到颇大影响,时常发生地方实力派叛变夺位的情况,使得官场腐败、民不聊生。但身为南唐刑部郎中的萧俨却忠于职守、清正廉洁、秉公执法、刚正不阿,敢于直言时弊和"犯颜直谏"。

937年,徐温的养子徐知诰废吴王杨溥自立,国号齐。939年,徐知诰恢复李姓,改名为昪,又改国号为唐,史称"南唐",建都金陵(今南京)。南唐历经先主李昪、中主李璟、后主李煜三代。

先主李昪晚年,贪图延年益寿、长生不老,崇尚道术。因服用金丹中毒,脾气变得粗暴易怒,近臣往往遭到谴责和惩罚。宣徽副使陈觉生怕无故累及自己而装病在家,数月不入朝门,不理政务,及至先主驾崩宣告遗诏才出来。萧俨对这种欺上瞒下、不理政务仍享俸禄,且投机封赏的腐败行为看不惯,于是挺身而出,弹劾陈觉,奏请朝廷按律治他的罪。

先主李昪在吴国当宰相时,禁止压迫良民作奴婢,命令买奴婢的人要通过官府立字为据。943年先主逝世后,中主李璟继位,命宰相冯延巳与其弟冯延鲁起草先主遗诏。因他们想要自己买入姬妾,听由民间卖儿女,就擅自篡改遗诏。萧俨对遗诏中删去先主在世时禁止私买奴婢的内容极力反对,在刚继位的中主面前驳斥说:"这事必然是冯延巳等人干的,不是先帝大行(逝世)之前的命令。以前,冯延鲁任东都留守判官时,已经有过这样的请求,当时先帝询问过我,我回答说:'陛下从前做吴国的宰相,民间有卖儿女的,您为了他们,拿出府库中的金钱,把人赎出来,归还给他们的父母,因此远近都仰敬您而归心于您。现在您即位当皇帝而实行相反的政策,让穷人的子女去为富人做役使,这样合适吗?'先帝以为我说得对,要治冯延鲁的罪。当时我以为冯延鲁知识浅薄,不足以责备他。如果将

浩然正气 Haoran Zhengqi

他治罪,会阻塞言路。先帝听取了我的建议,便把冯延鲁的奏章斜封了,抹了三笔,拿进宫去。请您让人到诸宫中去寻找,必然还在。"李璟让人取出先帝李昇当政时留在宫中的章奏千余道,都是斜封后一抹或三抹的。后来,果然找到了冯延鲁的被先帝抹了三笔的上疏。然而,当时的朝廷大臣竞相追逐奢侈豪华,无不贪图享乐,都说遗诏已经宣布施行,不可更改。萧俨的正确意见竟被搁置一边,未能得到采纳。

李璟继位后,骄奢淫逸,一心贪图享乐,不愿为政事操劳。他起初想把朝政交给弟弟李景遂来处理,遭到大臣们的反对,于是封李景遂为诸道兵马大元帅,二弟李景达为副元帅,实际上向国人表明,他今后的皇位是由弟弟们来继承。元宗保大二年(944),李璟欲传位给李景遂,又下诏书,命齐王李景遂代他管理一切政务,群臣有事启奏都由李景遂决断;又规定,只有枢密副使魏岑和查文徽才能进宫奏事,其他人除非召见,不得入宫。

萧俨想:"这哪里是为君之道呢?"于是上书,委婉地说:"自夏殷以来,父子相传,这是不能轻易改变的法典,我看即使您让位,景遂、景达也不敢当。去年元帅建立自己独立的官府,陛下将兵权交给皇弟,大家感到震惊,何况现在又把朝廷大权交给他。还有,群臣不得及时晋见陛下,宫中与宫外隔绝,让奸人有机可乘,陛下怎么能及时了解民间疾苦呢?这对陛下不利啊!"中主看了这道奏折,不作答复。后来,宋齐丘、贾崇等大臣皆以为不可,上书面奏,中主才下令收回这道诏书。

944年,中主在宫中建造一座高楼。建成后,召集群臣观看,群臣无不称赞这座楼建得宏伟壮丽,唯独萧俨默默无语,不肯奉承。中主问他感觉如何,他当着中主的面说:"可惜少修了一口井。"再问他这话是什么意思,他直言不讳:"这楼比不上陈后主的景阳楼啊!"

原来南北朝时,陈国自陈霸先开国以来,内廷陈设很简朴。而陈后主陈叔宝登基以后,沉湎淫乐,荒废朝政,宠爱贵妃张丽华,嫌其居处简陋,不能作为藏娇之金屋,于是在临光殿的前面,建临春、结绮、望仙三阁,又建造后堂景阳殿,亦称景阳楼,楼下有口井。祯明三年(589),隋军南下,隋朝的大将贺若弼、韩擒虎率领军队攻入建康(今南京),张丽华投井,陈后主束手就擒,人称此井为"辱井"。萧俨的话,一点不给皇上面子,显然是讽谏之言,希望中主李璟记取历史教训,不要重蹈陈后主的覆辙。可是,李璟听后,勃然大怒,借机贬萧俨为舒州副使。过了不久,李璟仔细想了想,认为萧俨的话虽然有点带刺,但出发点还是好的,于是将他召回京师,恢复原职。

961年,元宗逝世,后主李煜即位。李煜文才杰出,但对政事不感兴趣,终日贪图享乐,追求悠闲、愉悦的生活,这引起了大臣们的不满,却无人敢言。有一次,萧俨入宫奏事,后主李煜正与宠幸的侍从下棋,无心听萧俨说话。萧俨上前请求收起棋局,后主不听,萧俨火了,冲上前去,把棋盘掀翻,气得后主严厉责问:"萧爱卿如此大胆,你想做今日的魏徵?"萧俨气呼呼直视着李煜说:"臣比不上魏徵,陛下也不是太宗!"后主听了,心中一震,

觉得自己比唐太宗差远了,只好叫侍从收起散落一地的棋子,听萧俨奏事。

开宝八年(975),宋军攻占金陵,南唐亡。萧俨以老南归,谢病不出,数年后,卒于禾山。

4.刘沆抑强救弊为贤相

> 刘沆(995—1060),字冲之,号庐山,永新县人。天圣八年(1030)殿试一甲第二名进士。以龙图阁学士权知开封府,官至丞相。自进士设科,擢高第至宰相者,吉郡以沆为首。谥"文安"。

刘沆雕像

刘沆为人刚正,为官清廉,为民作主,深得民心,在位以"长于吏事"著称,做了许多值得称道的事情,其中最显著的是抑强、救弊,被誉为一代贤相。

北宋天圣八年(1030),刘沆中了进士第二(榜眼),官授大理评事,通判舒州(今安徽省潜山县),开始了他的官宦生涯。一上任,前任积压多年、悬而未决的案件,经他数天审理就处理了,并且平反了一些冤假错案,显示了公正办案、依法理政的好作风。

其时,章献太后下诏修山谷寺,建资圣浮图(即佛塔)。内侍张怀信负责监工,他倚仗诏命,监工非常严厉,不顾民工死活,动辄呵斥和肆虐,希图邀功进俸,民工苦不堪言。州县官吏畏惧他的横暴,装病在家不敢出来。刘沆不畏强权,大胆为民请命,直接上书皇帝,罢免了张怀信的监工之职。

后来,刘沆任太常丞,值集贤院,出知衡州(今湖南衡阳市),当地有一大姓尹氏仗势欺压邻居翁老子幼,伪造买卖田产的契约,等到老翁死了后,再强行霸

衡阳石鼓书院 最初为刘沆主持修建

占他们的田产。邻居的儿子长大后,向州县上诉达20年之久,始终讨不回公道。刘沆一上任,邻居的儿子又向他申诉,刘沆决定重新审理。这时,尹氏拿着多年缴纳的税赋票据作为证据,刘沆看后,说:"你既然有千顷田产,每年的贡赋难道仅仅这一点?当初你制作田产契约时,按规定你请过其他邻居作为证人吗?这些邻居大多数还健在,我可以询问他们。"一席话使得这个尹氏哑口无言。后经多方调查取证,尹氏终于认罪。刘沆秉公将田产判还给原业主,并依法惩治了尹氏,伸张了正义。

刘沆主持修建了北宋四大书院之首的石鼓书院(位于今湖南衡阳市石鼓区石鼓山)后,升任太常博士,历三司度支、户部判官、同修《起居注》,擢右正言、知制诰。当时,陕西连年饥荒。庆历三年(1043),张海、郭邈山等率领几千饥民在商山起义,宋廷出动大批禁军镇压,战火蔓延。刘沆向执政者陈述己见,认为不可,并极言利害得失。宰相不高兴,说:"须舍人作相自行之。"刘沆回答:"宰相岂有常哉!时来则为之耳。"不久,刘沆任吏部流内铨,奉命出使契丹。

当时的西夏、契丹不断入侵北宋,外患困扰着边境。宋廷奉行"守内虚外"政策,每年都要向西夏、契丹缴纳数以万计的银、绸等物,以求得暂时的安宁。刘沆站在主战派的立场上,坚决反对割地、纳币等各种出卖民族和国家利益的行为。他来到契丹后,大义凛然,严词拒绝对方的无理要求。契丹负责接待的官员杜防,在宴席上,不但有要挟之言,而且故意戏弄刘沆,说:"有酒如渑,绾行人而不住。"刘沆应声回答:"在北有笛,吹出塞以何妨。"杜防以渑与绳谐音戏弄刘沆,刘沆以笛与狄对应,可见刘沆的才思敏捷。为了达到其不可告人的目的,杜防便在宴席上拼命劝酒,企图把刘沆灌醉,使他醉后失言。作为宋朝的外交使节,刘沆意识到自己的一言一行所产生的后果,所以时时注意保持高度的警惕。对于杜防的劝酒,他以礼相应。不过喝了几杯后,他便佯装醉意,拂袖而起,大骂其无赖,使得杜防的阴谋没有得逞。这件事传到宋廷,竟使朝中一群权臣议论纷纷,恐怕由此引起外交事端。他们向仁宗皇帝进谗言,造事生非。仁宗优柔寡断,不但不奖赏刘沆维护国家尊严之功,反而把刘沆贬谪到潭州(今湖南长沙市)。不久,又降知和州(今山西安泽县北),后改知江州(今江西九江市)。

刘沆性格刚毅,宦海的沉浮并没有使他失去和奸佞邪恶作斗争的勇气。后来,调回京都,知审刑院,改知永兴军(今湖南永兴县)。此时,有下级官吏从库中擅自取酒和炭,上司以监守自盗上报朝廷。刘沆说:"三广之地有许多出产,怎么会偷盗酒和炭呢?一定是广为罗织罪名。"仁宗认为分析得很对,刘沆纠正了这起错案。

宋宰相刘沆墓。位于永新县埠前镇三门前村

刘沆精明强干,深得仁宗器重。此后,刘沆升迁尚书工部侍郎。皇祐三年(1051)三月,拜参知政事(副宰相)。

宋廷以前的政事多由宰相决断,副相不过备位而已。刘沆任职后,积极参与国事决策,对于重大的问题,多经廷议解决,故而对政事有所救正。

针对中书省一贯援例请官论职、进退予夺、唯利是图、互相交易或攀比、有法不能执行的现象，刘沆向仁宗皇帝进奏《中书三弊》。这三弊是：一、近臣保荐，授非公选，多出私门，浮薄权豪之流交相荐举，互以贸易，以致不能选贤任能；二、任人唯亲，造成"当入川广，乃求近地；当入近地，又求在京"，边远贫困之地无人愿去；三、奖罚升迁，"常格虽存，侥幸尤甚，以法则轻，以例则厚，执法者不能持法，多以例与之"，以致赏罚不明。刘沆恳请仁宗皇帝能革除这用人上的弊端，使真正有才德的人能挑选到政府部门中来。仁宗接受了刘沆的奏请，诏令照此施行。

随后，刘沆奉诏，实行三举，革除"三弊"。其三举是：一、举荐贤才。二、强化中央集权，定御史迁次之格。三、竭力抑制侥幸。

刘沆为人光明磊落，处事宽容仁厚，任参知政事（副宰相）3年零5个月，任同中书门下平章事（宰相）2年零4个月，他倡导的改革虽然没有取得明显的业绩，甚至失败了，却荐引了众多贤才为国效力。

5.何昌言无私无畏斗蔡京

何昌言（1067—1126），字忠孺，江西峡江县清水洲（今砚溪镇虹桥）人。北宋绍圣四年（1097）状元。哲宗曾赋诗一首以示恩宠，其中有"庐江才子文胆雄"、"跨得青天第一龙"的褒奖。1126年任工部侍郎兼太子詹事。

何昌言画像

何昌言中状元后，在朝廷当了承军郎、秘书省校书郎、礼部尚书员外郎加武骑尉等官。他从政时，正逢北宋王朝面临内外交困的局势。北方边境很不安定，金人时常侵袭，而北宋皇帝一个不如一个，只知享乐，迷佛溺道。朝廷奸臣当权，贤士遭弃。百姓久受酷政之害，农民起义此起彼伏。何昌言深为国家的前途与命运担忧，痛恨弄权误国的奸臣，故不屈不挠地与他们抗争，因此屡遭贬职。

浩然正气 Haoran Zhengqi

新干何家山塔。清同治十年（1871）为纪念何昌言直言不讳、敢疏奸佞而建

《水浒传》中多次提到作恶多端的"蔡太师"蔡京，阴险狡诈，仗着是朝中元老，玩弄权术，网罗党羽，蒙骗皇帝。地位不高的何昌言却不怕他，先后5次上奏，揭露他的罪恶，典型的有两次。

宋政和二年（1112），蔡京对迷信道教的徽宗皇帝说，现在天下太平，应建九鼎以显示国力，以感动上苍。同时，要修个方泽，修座大型道观，供皇上养身修道。登基不久的徽宗正想显显威风，更想长生不老，蔡京的提议正合心意，昏君奸臣一拍即合，劳民伤财的系列工程立即动工。

当时，京城所在地河南，水灾连着旱灾，百姓苦不堪言。时任应天府兼南京留守司公事、提举本府学事的何昌言，奉命去河南巡视。每到一处，他都听到地方官员反映，说朝廷大兴土木，加重了赋税，又因灾害不断，赋税难以收上。何昌言深入乡野视察，百姓直指蔡京，骂他不赈灾救民，还逼民工去伐树凿石运送京师，不服从者以违抗朝命罪予以处罚。何昌言到凿石工地，只见山间灰尘满天，无数民工如蝼蚁般忙着，凿石运料，稍有怠慢，便遭监工呵斥殴打。何昌言深刻感受到奸臣的可恶可恨。回府后，他立即起草奏章，力陈灾民之苦，请求朝廷减税济民。他直言不讳地指出，蔡京之辈蒙蔽圣听，国弱民穷之时还大修"方泽"、"道观"，完全是误国殃民。

徽宗对赈灾的事还算重视，诏令救济灾民。可他认为修道观不可停，蔡太师的做法是对的。何昌言见皇帝执迷不悟，很是痛心。不久，何昌言得到可靠的举报，说蔡京借修道观之名，大肆从中渔利，至少贪污了三四百万两银子，何昌言便如实禀报皇帝。

可是，奏章落到了蔡京的党羽手里。蔡京闻讯，密派爪牙去查访何昌言，只要发现他一星半点的不干净之处，就可置他于死地。爪牙们倒也很尽力，可明察暗访多时，抓不到何昌言什么把柄。为了好向主子交差，他们只好把何昌言刻在府门前石碑上的对联抄回交给蔡京。对联是："省一分，民受赐一分；要一钱，便不值一钱。"蔡京见了，大骂爪牙无能。他对何昌言恨之入骨，可又无从下手。

两年后，何昌言又以钦差的名义去浙江临平巡视。此时，蔡京为哄徽宗高兴，又决定建一座宏大的"圣塔"给徽宗祝寿。临平出产建塔所需的花岗石，但运输不便。蔡京下令凿开山岭，开通河道运石。时逢久雨，河道决口，淹没良田数十万顷，淹死百姓数千。何昌言在临平视察，满眼荒芜，怨声载道。他义愤填膺，决心揭露蔡贼犯下的滔天罪行。他自知势单力薄，便与朝中元老大臣商议，联合上疏，请求皇帝治蔡京之罪以谢天下。蔡京慌了手脚，连忙对徽宗说："我是为修祝寿的圣塔而开河道，出了事故我也难受，可这是天灾啊！我对皇上忠心耿耿，天日可鉴。"徽宗觉得有理，不追究他的责任。蔡京却乘机反戈一击，说何昌言他们结党营私，以河道决口为借口发难攻击他，实质上是反对修圣塔，是对皇上的不忠。徽宗在蔡京的挑唆下，把何昌言贬出朝廷，赶到远离京城的建昌军任了个闲职。

才华盖世的状元何昌言，在权奸横行的时代，难以施展才干。可他忧国忧民的情怀，坚持正义的精神和永不屈服的人格，却流芳百世。

6.胡铨奏斩秦桧抗强权

公元1138年，南宋朝廷发生了一件轰动江南的大事。奸相秦桧指派亲信王伦出使北方的金国，请求对方派人来南宋和谈。金国的使臣同王伦来到京城临安。他们不称南宋为国家，而称"江南"，以主人的口气，要高宗皇帝脱下皇袍，改穿臣子的衣服，跪下来接金国的"国书"。他们说，如要和谈，你们每年必须送25万两银子、

胡铨雕像

25万匹丝绸给我们，否则就要动武。秦桧对高宗说，这些条件不算高，就答应吧，不然他们打过来，损失就更大了。高宗为了保住皇位，甘愿受此屈辱，就同意了和谈条件。这个消息一传开，震惊了京城。当时，朝廷官员分为主和和主战两大派别。岳飞、韩世忠等主张出兵，决不能退让以求得一时平安。可是，主和派的头领秦桧把持了朝廷大权，连皇帝也得听他的话，谁也奈何不了他。少数爱国大臣只好口头上劝高宗，不要听秦桧的话，以免上当，后患无穷。

在朝廷当编修官的胡铨，听到丧权辱国的和谈消息，十分气愤。他知道罪魁祸首是秦桧，必须向皇帝揭露他的面目，劝皇帝决不能听信妖言。胡铨立即写了《戊午上高宗封事》呈报皇帝。他在文章中指出，金人视我国为"江南"，实质上是要灭亡我大宋，和谈只不过是个幌子，皇上你千万不能听信秦桧的一派胡言甘当个"儿皇帝"，还直接责问高宗："竭民膏血而不恤，亡国大仇而不报，含垢忍耻，举天下而臣之，甘心焉？"他劝诫皇帝决不能屈膝求安，"此膝一屈不可复伸，国势陵夷不可复振，可谓痛哭流涕长太息！"他把矛头直指秦桧，声明自己"义不与桧等共戴天"。他认为，要扭转目前的局势，就必须杀掉秦桧及其爪牙王伦、孙近三贼，把他们的头挂在城墙上，然后把金国的使臣抓起来问罪，再发动军队去夺回失去的国土，就可报仇雪恨了。如果皇上执迷不悟而求和，自己宁愿"赴东海而死"，也不愿"处小朝廷求活。"

胡铨井近景

这篇饱含着爱国激情的"斩奸书",流传出去后,一个叫吴师古的进士立即印刷散发,官民争相传诵,大快人心。金国也花千金购得一份,读后"君臣失色",想不到江南还有此忠烈之士,不敢轻视宋廷了。"斩奸书"使秦桧惊恐万分。他想,满朝大臣谁不怕我?没想到胡铨这个不知天高地厚的小编修官,竟敢向皇帝说要杀掉我的头,这还了得!想要灭掉他,又怕人说是挟私报复,引起公愤,误了和谈的大事。于是秦桧就把胡铨赶出京城,流放到偏远的广东山区管制起来。

胡铨流放处

胡铨在广东被管制了4年。他听说抗金将领岳飞被秦桧害死,十分气愤,心想这秦贼太恶毒了,视国家的命运为儿戏,肆意陷害忠良。于是,他义愤满腔地写了篇奏疏给高宗,再次提出要杀掉秦桧以谢天下,否则,国家会葬送在奸臣手里。秦桧知道后,对高宗说,这胡铨为有罪之徒,有什么资格议论朝廷大事,还专门攻击我?我可是一心为国着想呀!高宗听了他的挑唆,把胡铨流放到更远的新州(今广东新会)。几年后,又将他流放到称为"天涯海角"的海南岛吉阳军(今崖县)。当时,那里很荒凉,人烟稀少,野兽横行,环境险恶。胡铨在孤岛上整整生活了8年,经历了数不清的苦难。

直到秦桧死了,胡铨才从海南岛移到衡州管制。孝宗登基,把胡铨召回朝廷。此时,他已61岁,足足流放了23年!刚当上皇帝的孝宗,依靠主战派的力量反击金兵,收复国土,在边境打了几仗。金国见南宋动兵,便派人与宋廷议和。以宰相汤思退为首的主和派又重弹议和的老调。胡铨毅然上奏《上孝宗封事》,力主抗战,并提出了具体的对策,直指汤思退是"又一秦桧",应予以惩处。孝宗召集14个大臣讨论是和是战,7人主张和谈,6人怕得罪宰相,不说什么,只有胡铨站出来,坚决反对和谈。他说,同意和谈,金人认为我们软弱可欺,就像用肉去喂虎,喂得他胃口大了,就会吃掉喂肉的人。只要军民团结一心,就能打败他们。过了不久,金兵侵犯,胡铨率兵抗击。正是寒冬时节,河水结冰,渡船过不了。胡铨不顾年迈,下河拿铁锤敲碎冰块。将士们受到鼓舞，奋勇作战，击退了金兵。

在强权逆境面前，胡铨这种屡受挫折而不屈不挠的爱国精神，受到人民的高度颂扬。

7.孙逢吉直言敢谏斗权臣

> 孙逢吉（1133—1199），江西吉州龙泉北乡（今遂川县大汾寨溪）人。隆兴元年（1163）进士。历任郴州司户、常德教授、萍乡县令、司农寺丞兼实录院检讨官、秘书监兼吏部侍郎等职，最后以修撰致仕。老年自号"静闲居士"，卒谥"献简"。

南宋淳熙二年（1175），皇帝下诏书要朝臣评论政事的得失，提出治国策略。孙逢吉当时任司农寺丞兼实录院检讨官。他应诏上书，请求皇上"去蔽谀，亲讲读，伸论驳，崇气节，省用度，惜名器，拔才武，饬戎备"八件大事，并事事切中时弊，提出了许多建设性的好意见，由此皇上很赏识孙逢吉，并升孙逢吉为右正言。

当时，各地皇亲国戚大肆建造府第，占地规模宏大。每建一第，就要拆毁民

房数十上百间，迫使无数百姓流离失所，怨声载道。孙逢吉将此上书皇上，对这危及国政的歪风提出批评。孙逢吉的上书得到了皇上的重视，朝廷采取许多措施，皇室宗戚大兴土木的风气得到有效的遏制。

孙逢吉官居秘书监兼吏部侍郎时，与大学士朱熹同为朝中大臣，都要轮流在经筵上为皇上讲解经传史鉴。朱熹在讲经时，对专横跋扈的韩侂胄进行评摘。韩侂胄时任枢密都承旨加开封府仪同三司，权位在左右丞相之上。一些对朱熹平时积有宿怨

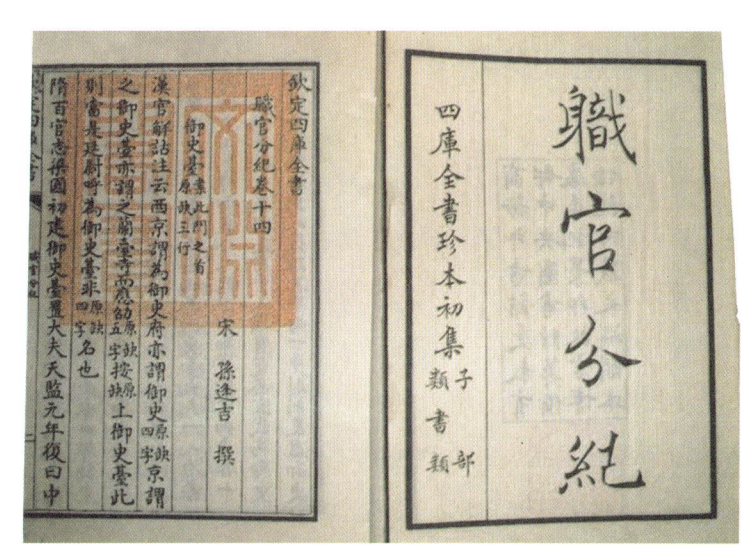

《四库全书》所收宋孙逢吉所著《职官分记》

的人便向皇上大进谗言，挑拨离间。皇帝恼怒，罢黜了朱熹。孙逢吉认为皇上是非不分，远君子近小人的做法不对，总想找机会规劝皇上。一次，孙逢吉给皇上讲经，就借《诗经·权舆》篇中秦康王听信小人，忘了先王的旧属，不重用贤者而听信于小人结果无好下场的事例，婉言规劝皇上改变对朱熹的看法。由于皇上过于依赖韩侂胄，听了孙逢吉的讲经很不高兴。孙逢吉不管皇上高兴不高兴，还是一味规劝。皇上放下脸说："朱熹的话多不可用。"孙逢吉却说："朱熹所说的都有道理，没有看见有什么不可用的。"孙逢吉与皇上越争越烈，最后皇上没等孙逢吉的经讲完，便拂袖而去了。

孙逢吉是一个硬骨头，凡是正确的事，他要坚持到底，屡屡给皇上上书，说："陛下您所提倡崇敬的是懂得礼义的人，陛下您所信任的是志节端亮的臣子。然而，现在像朱熹这样事事按礼节、处处讲廉正的人却因评论了韩侂胄而遭罢黜，像彭龟年这样的忠耿之士也因批评了韩侂胄而被贬谪。照这样下去，卑臣真担心您身边的忠正之士都会一个个地离去，而能在您身边的却只能是一些阿谀奉承、溜须

拍马、阳奉阴违的人。这样下去怎能治理好国家呢？"皇上看了孙逢吉批评语气如此激烈，更不高兴。孙逢吉上书的事也让韩侂胄知道了，韩侂胄怀恨在心。

有一次皇上到重华宫，群臣礼毕后都已出了宫门，上了轿准备离去。忽然有人报韩侂胄来了，大家忙不迭地下轿返回恭迎。孙逢吉却说："既然出来了，又何必再回去打躬作揖呢，只有臣子事君的礼节才是如此。"说完，他独自一人，头也不回地离去了。

孙逢吉不畏权贵、直言敢谏，受到了朝中许多正直同僚的敬佩，但由于得罪了权臣韩侂胄，又不合皇上的心意，为自己种下了祸根。韩侂胄时时在找机会欲置孙逢吉于死地。一天，吏部的同僚们聚在一起闲聊，有人密报说："优人王喜将担任阁职。"有些人听后很高兴，孙逢吉却说："不能让戏子玷污阁职的名声。"并上书皇上不能让王喜入阁，同僚中立即有人将这事密报韩侂胄。而当时王喜的任命还没有下达。韩侂胄便找了个理，让皇上以"诬诋"罪将孙逢吉贬出了朝廷。先是外放太平州知州，后转任赣州知州。不久，孙逢吉告病辞官，回到了遂川。

▶ 8.罗开礼绝食报国全忠义

> 罗开礼（1198—1277），字正甫，号水心，永丰县人。咸淳七年（1271）进士，任袁州儒学教授，改任武冈军教授。景炎元年（1276），跟随文天祥抗元，誓志报国。

南宋景炎二年（1277）八月，元朝派元帅李恒率领骑兵5万偷袭兴国。文天祥见元兵势大，命宋军朝汀州方向转移，途经永丰空坑，被元兵追上，两军交锋，杀声震天。当罗开礼率义军赶到时，宋军渐渐不敌，他明白为国献身的时候到了，一纵战马，率部扑向元军。一阵激战后，宋军保护文天祥突出重围，罗开礼也退至陶唐，隐身大仙岩洞。元兵追来，围住洞口。李恒恼羞成怒，命元兵把拾来的干柴堆在洞口，然后发射一支支的火箭，烧起冲天大火攻破岩洞。罗开礼被俘，解往吉州，关在监狱。

在狱中，罗开礼坚强不屈，大义凛然。元军多次劝降："罗开礼，南宋必亡，还保什么国？""你过来，高官任你做！""识时务者为俊杰，不要执迷不悟！"对敌人的嚎叫，罗开礼总是严词拒绝。有一天，元军元帅李恒亲自到狱中劝降，罗开礼哼了一声，骂道："我为大宋义士，虽锅汤刀锯，亦何惧焉！"

永丰大仙岩。相传永丰籍民族义士罗开礼举兵抗元，曾在此洞练兵，洞中的"烽火台"便是罗开礼发号施令的指挥台

李恒无法，只好灰溜溜地离去。不久，罗开礼的部下和不少英雄豪杰闻讯赶到吉州城内，准备劫狱营救。他们还派人潜入牢中，同他密商。他婉言拒谢，认为敌人防守森严，不要做无谓的牺牲，劝他们跟随文丞相，去拯救苦难的百姓、破碎的河山，并吟诗一首表达自己的壮志："空坑扫魔风云变，仙岩被俘斗志坚。吉州狱中尽忠烈，唯有正气留世间。"

此时，罗开礼不为高官厚禄所诱，决心绝食报国。狱卒每餐端来饭菜，他从不吃一点。后来，换了一个涂脂抹粉的女人送来酒饭美食。他坐正身子，不屑一顾，那女人笑道："罗大人，小女子奉命送来美酒佳肴，包您满意！"罗开礼微微睁开眼，"拿回去！"女人又说："人要吃饭，何苦糟蹋自己的身子，您就尝尝吧！"罗开礼挥手道："人各有志，快走！"那女人见罗开礼铁了心，摇摇头，收拾好酒饭走了。元军李恒佩服罗开礼的民族气节，听狱官说他几天不吃不喝，不愿意他马上死去，下令强行喂他吃饭。于是狱官派两个下人提着饭菜走进狱中，一人把罗开礼按住，一人喂饭。罗开礼滚在地上，怒目圆睁，紧闭双唇。喂饭的人使劲捅破了他紧闭的嘴唇，流出血水。罗开礼咬住牙齿，饭菜都掉在地上。两人无法喂饭，只好狼狈地离开。罗开礼宁愿饿死，也不沾元朝一口饭、一滴水。他站起来，抹了一把脸上的血水，拿起桌上的笔，发好墨，在监狱墙壁上题道："此身断不望生还，留得芳名在世间。大地尽为胡血染，好藏吾骨首阳山。"写罢，掷笔于地。他八日不吃不喝，以绝食报国，卒于狱中，终年80岁。

浩然正气 Haoran Zhengqi

噩耗传来，文天祥悲痛万分，恸哭不已，作《祭招抚使罗开礼水心先生文》，祭曰："江西义士勤王者众，未有如公之劲气诋胡，奋起死节，捐躯就义，若风霆日星，忠烈伟哉。"后人诵丞相之文，无不肃然起敬。

明初广东布政使周孟中上奏朝廷，请祀罗开礼忠义，诏配享文信国，后复敕建祠于永丰县城，额曰："宋忠一人"，命有司春秋致祭。

9.刘鹗以忠事国拒贪腐

> 刘鹗（1290—1364），字楚奇，永丰县坑田镇睦陂村人。出身书香门第，祖上三代隐德不耀。刘鹗生性颖敏，好学不倦。初学声律，后专攻诗文。屡试不第，后得"伯乐"赏识，步入仕途，成为忠君事国、反腐拒贿的典范。

刘鹗20岁开始云游四方，广交仁人志士，遍访风俗民情，才气初露。元朝天历二年（1329），刘鹗任泰州会儒学教授，至元二年（1336）为将士郎京畿漕运司照磨。该官虽为从八品，却功利颇丰，每年京畿漕运司的收支高达300万银两。几位前任都因贪赃受贿落马，革职查办。刘鹗走马上任后，首先整肃纲纪，建章立制，从源头和制度上杜绝贪污腐败现象发生。

有一天，中书丞相桑哥的一位亲戚找到刘鹗，要求承办京都到天津卫的水上运输线。大礼包中夹放了十根金条，刘鹗见状大怒，官不打送礼的，可刘鹗偏偏将送礼之人打得狼狈不堪，赶了出去。当时，元朝统治者日益腐败，整个封建集团贪污受贿成风，上自贵族显官阿合马、桑哥、伯颜等，下至一般官吏。伸手要钱，名目繁多，所属始参曰"拜见钱"，无事白要曰"撒花钱"，逢节曰"追节钱"，生辰曰"生日钱"，管事曰"常例钱"，送迎曰"人情钱"，拘追曰"打发钱"，诉讼曰"公事钱"，等等，五花八门。然而，在金钱浊流大肆泛滥之时，刘鹗不被浊流裹挟，不为私利欲望所动，洁身自爱，难能可贵。更可贵的是，他不畏权贵，肃贪反贪。就在拒礼数天后，桑哥的亲戚见刘鹗软的不吃，便来硬的，拿着桑哥的手令强行霸占水运线。刘鹗得知后亲自带领部下，冒着生命危险夺回了水运线，并将桑哥的亲戚绳之以法。事后，有人问刘鹗："你不怕权相桑哥？"刘鹗说："我不贪不占怕谁？"不久，有人告发桑哥贪赃枉法，抄家时抄出大量金银珠宝和贵重物品，桑哥落得遗臭万年的下场，而刘鹗不贪不占的高贵品质很快传遍整个北京城。大家称赞他两袖清风，一身正气。

至正元年（1341），刘鹗改任从仕郎湖广儒学提举。上任后，发现整个湖广的儒学处于半瘫痪状态，学堂的田租谷子总是收不上来。一查，原来学堂田地大都被当地有权有势者鲸吞，有的占用时间长达30年之久。前几任提举生怕丢掉乌纱

帽不敢向上举报。刘鹗得知原委后，一方面身体力行到各书院调查摸底核实，一方面上书朝廷，极力建议省高级官员加以调处，追缴田租惩治贪官污吏。刘鹗的多方努力使整个湖广学堂所有的田租全部收归儒学所有。

至正十二年（1352），红巾军兴起，州郡望风瓦解。6月，朝廷遴选守令，刘鹗奉令复出，试授江州路总管，1362年，拜嘉议大夫江西行中书省参政。1364年9月，韶州少数民族起义，刘鹗率军在韶关分兵抵抗，江西数万起义军乘隙突至，强攻韶关城。刘鹗率幼子与义军激战一个多月，幼子战死，刘鹗被俘，押解到赣州，囚于慈云寺。刘鹗至死不渝，绝食六天而死。刘鹗不仅是位文学家，更是一位两袖清风、一身正气的贤臣良吏。

▶ 10.左鼎忠直敢言抗议和

> 左鼎（1395—1458），字周器，号立斋，永新逢桥人。1442年登进士第，先后任监察御史、广东右参政、都察院左佥都御史。居官勤政清廉，卓有声誉。与御史练钢因敢言而共驰名，京师官员中传语曰："左鼎手，练钢口。"

明代除南北两京外，地方行政区划由元代行中书省（简称行省）演化而成13个布政司。每省的行政、司法、军事长官分别为布政使、按察使、都指挥使。三司鼎立，虽可免权力过大，但运转不灵，故朝廷又派部院大臣或监察御史出任总督、巡抚、巡按各差，位居三司之上，完成任务回朝复命。正统十三年（1448），监察御史左鼎奉命巡按山西，不料不久即面对风雨飘摇的艰难形势。

太祖朱元璋曾立大铁牌严禁宦官干预朝政，这禁令只执行了30多年。成祖自南京迁都北京后，设"东厂"刺探臣民中有无谋反之事，用太监做东厂提督。到宣宗时，连皇帝批奏章也由司礼太监代笔。宣宗派太监王振教太子朱祁镇读书。朱祁镇9岁即位，是为英宗。英宗年幼贪玩，王振当司礼监，掌控军政大权。正统十四年（1449），北方蒙古族的瓦剌部首领也先派3000名使者到北京进贡马匹，

土木之变

要求赏金。王振削减赏金与马价，激怒了也先。也先派骑兵攻山西大同，明军大败。战线离王振家乡蔚州（今河北蔚县）不远。王振有大批田产担心被瓦剌占去，主张英宗亲征。兵部因无充分准备，认为不可。英宗时年23岁，毫无主见，听信王振，率军西进。左鼎在山西闻讯，昼夜兼程，拦住御驾，伏倒在辇路上哭谏，呈上奏疏。奏疏里具体分析了敌我形势，指出准备不足，仓促出师，不能稳操胜券，御驾亲征实在草率，反而给了敌人以可乘之机。王振接过奏疏递给英宗，说："陛下不要理他。"英宗随手将奏疏插在靴筒中，车驾依旧前行。左鼎跪在路旁号啕痛哭。大军已经西去，他无可奈何，只有回太原。

这时已是仲秋时节。明军匆匆而来，衣衫单薄，途中遇暴风雨，加之准备不足，粮食接济不上，士兵又饿又冷，毫无斗志。抵达大同，见郊外到处是官军尸体，人心惶惶。前锋在大同城边全军覆没，后续部队闻风溃退。八月十三日，明军随驾退至土木堡（今河北怀来县东南）。十五日，瓦剌骑兵来到，英宗被俘。此役，明军50万全线崩溃，史称"土木堡之变"。

英宗之弟代宗立。山西正值冲要之地，也先部侵掠甚急，势若风雨，各级官员都心惊胆寒。左鼎乃以钦差大臣的身份激励将士，招募民众，组织防御，扼守险阻，亲临前线巡视。自岢岚以东，白天旗帜鲜明，夜间篝火映天，军中击柝的声音数百里不断。兵荒马乱，加之天灾饥馑，左鼎奏准朝廷免收太原诸府税粮，停征大同一带转运粮饷的民夫,以减轻百姓负担。

起初,也先在土木堡获胜之后,又攻占清风店,而后分兵3万攻山西,亲率5万攻居庸。结果,在居庸被歼万余众,分兵攻山西毫无所得。天下雨雪,人马冻饿而死的十之二三。左鼎派精兵袭也先部,歼敌数千人。也先看分兵失策,乃合兵攻山西。左鼎早有准备,以重兵还击,也先遁走,左鼎追,败之于文水。也先部北撤,左鼎再败之于岢岚。于是,也先部放弃山西,转而攻北京,又失败。知道挟持英宗为人质无济于事,将英宗释放,又提出讲和。左鼎主张乘胜追击,不可议和,引宋代景德与靖康年间的历史教训为鉴。而朝论多认为可以议和,左鼎抗言谠论,无人附议。

1457年,代宗病重,徐有贞等迎英宗复位。英宗在也先部当俘虏时,曾取出在车中插入筒靴的左鼎奏疏仔细阅读,泫然流泪对袁彬说:"我若听了他的话,哪里会有今天呢!"后来经过山西,亲见左鼎运筹帷幄,指挥有方,便存之于心不忘。英宗复辟之后第7天便召左鼎回京,任都察院左佥都御史。左鼎回京任职仅5个月,得重病,英宗亲自看望,赐锦袍盖在左鼎身上。不久,左鼎去世,英宗痛哭了一场。

11.胡广上奏言弊不避讳

胡广(1370—1418),吉水县天玉(今属青原区天玉镇)人。明朝文学家、内阁首辅,南宋名臣胡铨之后。明建文二年(1400)状元,深得明成祖器重,官至文渊阁大学士。永乐十六年(1418),胡广去世,年四十九。赠礼部尚书,谥文穆。明朝文臣得谥号,自胡广始。明仁宗即位后,加赠太子少师。永乐十二年(1414)奉命总编《五经四书性理大全》,对封建社会后期的思想文化发展产生了深远的影响,他也因此名垂史册。

胡广画像

文渊阁

明成祖朱棣称帝后,以永乐为年号,胡广被提升为翰林学士兼左春坊大学士,后又升为文渊阁大学士,深受成祖恩宠。成祖外出,总喜欢叫胡广陪同,听他讲史论经,有时两人谈论至深夜。成祖北征多次,胡广每次随同。胡广的字写得好,成祖每到有战略价值的地方,都叫胡广写几个大字刻石记功,如"玄石坡立马峰"、"捷胜岗"之类,以示皇威。成祖设立内阁,选良才参与机务,处理朝廷要事。胡广也选入内阁,当了11年的首辅,成为名震朝野的大臣。

虽然胡广一生始终只是一个中级文官,但他总是以天下为己任,常向皇帝进献忠言,厌恶拍马溜须之徒。史书中记载了这样一件事:朱棣当皇帝十几年后,天下基本安定。朱棣自我感觉良好,认为自己天生就是当皇帝的料。皇帝一高兴,就有阿谀之徒奉承。有的大臣说,皇上不愧是明主,百姓安居乐业,异族不敢妄动,大明天下处处莺歌燕舞!有的说,皇上比前朝的建文帝强多了。那小子软弱无能,弄得怨声载道。而皇上雄才大略,文武兼备,谁不佩服?成祖听了,心里很舒服。有个姓周的礼部郎中也来凑热闹,邀几个人一同上了个奏章,说皇上功德无量,可与秦皇汉武相比。秦皇当年赴泰山封禅,威震天下。为固皇权,感动上苍保佑社稷,皇上也应去泰山封禅。

胡广看到这篇奏章后,觉得此事非同小可,便赶写了一篇《却封禅颂》上奏。

浩然正气 Haoran Zhengqi

他在奏章中先歌颂了皇上的恩德，接着笔锋一转，直言指出，新朝建立不过十几年，国力还不雄厚，百姓也不太富裕。搞一次封禅要耗费巨大的人力、财力，兴师动众，劳民伤财，于国于民不利。其次，封禅只不过是个表明心愿的形式，对国家没有什么好处，没有实际价值。如上苍有灵，它自然会降好运给人间。如果国弱民穷，上苍也会伤心的。再则，皇上英明无比，何必去求助什么神灵呢？那些一味歌功颂德之徒，没安什么好心。

成祖读了胡广的文章，很受感动，召胡广谈至深夜。胡广直言不讳地谈了许多治国安邦的意见。成祖打消了封禅的念头，还在朝会上对大臣说，各位不要总是说好听的话，要像胡广大学士那样，对朝政的弊端大胆地指出，这样于国于民都有利啊！可是，那些建议封禅的大臣心里很不痛快，认为是胡广断了他们邀功请赏的路子，从此记恨在心。而胡广仍然我行我素，只要是对国家有利的事，就直言不讳地提出。

▶ 12.李时勉一身铁骨全忠义

李时勉画像

李时勉（1374—1450），名懋，号古廉，安福县人。明永乐二年（1404）进士，选庶吉士，进文渊阁。参与修撰《太祖实录》，书成，改任翰林侍读，终任国子监祭酒。景泰元年（1450）逝世，谥号"文毅"。成化五年（1469），明宪宗听从李时勉孙子李骥的请求，改谥"忠文"，赠礼部侍郎。李时勉的一生总共经历了洪武、建文、永乐、洪熙、宣德、正统、景泰七朝。

明永乐二年（1404），李时勉登进士第，选庶吉士，进文渊阁，参与修《太祖实录》。授刑部主事后，又参与重修《实录》。书修好后，升翰林侍读、学士等职。

李时勉性情刚硬，不管皇帝喜不喜欢，都敢于提出自己关于治理国家的意见。

永乐十九年（1421）向成祖上书，提出"停止营建、罢四夷朝贡、淘汰冗官、赈恤饥荒、慎选举、严考核、清理狱囚、罪黜赃官、罢遣僧道、优抚军士"等建议15条。那时，成祖决定把京城从南京迁至北京，其间耗费了巨大人力物力，弄得民不聊生。结果李时勉所提建议，虽大多数被朝廷采纳施行，但"停止营建"有益于民而触犯了皇帝的政治利益，终因朝中奉迎嫉贤的某些官僚及宦官在皇帝面前说坏话，李时勉受冤而下狱。一年后，在重臣杨荣的保荐下，李时勉才予以复职。

永乐二十二年（1425），明成祖死在北征途中，皇太子朱高炽即位，是为仁宗。仁宗一即位，便下诏要求臣下直言国事。翰林侍读李时勉向仁宗皇帝呈上两通奏疏，其一谈到节民力、谨嗜欲、勤政事及务正学四事。至于另一通奏疏，李时勉要求只给皇帝看。仁宗皇帝得到奏疏后大怒，于次日早朝时斥责李时勉，李时勉应对不屈。仁宗恼羞成怒，命武士以金爪（一种爪状兵器）狠狠打击李时勉17下。血泊中的李时勉胸部肋骨顿时断了8根，被丢进监狱，卧以待毙。但李时勉大难不死，遇上救星。原来，有年元宵节观灯时，李时勉在路旁拾到一支十分珍贵的金钗。失者为锦衣卫一指挥之妻。失钗后，指挥大怒，痛打其妻，并令其妻跳楼自尽。不料，李时勉第二天访得失主为指挥之妻，登门将金钗送还。指挥便急忙用国外贡品伤科良药"血竭"，将其妻救治。夫妻俩对李时勉非常感激，现在见恩公遭惨刑，指挥利用掌管监狱之便，偷偷为李时勉敷上"血竭"，使之痊愈。也许是药物的气味所致，狱中的跳蚤虱子都不敢侵扰李时勉。后来同乡大儒邹守益得知这一情况，写诗赞曰："金钗讵料酬良药，蚤虱犹能避正人。"

在满朝文武官员的请求下，仁宗免了李时勉一死，把他流放到交趾（今越南一带）当监察御史，并命令他每天审录一名罪犯，每日上书奏报一件事情。到交趾才三天，李时勉果真向朝廷三次上书，侃谈国事，毫不避讳皇帝之短。仁宗阅后，非常恼怒，又下令锦衣卫将李时勉逮捕回京问罪。此时仁宗已病重在床了，但他仍然对李时勉耿耿于怀，临死还说："李时勉竟敢在殿上公然侮辱我！"自此"打不死的李时勉"誉声满朝。

仁宗死，宣宗即位。一天，宣宗临朝，有人提起狱中的李时勉，宣宗于是命人捉来要亲自审问，表示非要杀他不可。传令者刚走，宣宗又传旨，将李时勉立即斩首，不必上朝。不料，传旨官从右门出，李时勉从左门进来了。宣宗见到李

时勉,大声斥责:"你为什么三番五次与先帝过不去?你的奏疏里都写了些什么?快快说清楚!"李时勉从容地将奏疏内容一一奏明。他说:"臣言谅闇不宜近妃嫔,皇太子不宜远左右。"原来,按照明朝的制度,皇帝处于父母的丧期,不得进酒肉,不得近女色,也不准娱乐,这叫"谅闇"。而仁宗他没有做到。身为一国之君,理应表率天下,不然何以治国?关于"皇太子不宜远左右"的建议,是李时勉看清当时的形势而发的。仁宗即位后,汉王、赵王心中不服,仁宗身体又不佳,但仁宗在这时候却把皇太子派往千里之外的南京,万一不测,不是很危险吗?这个皇太子,就是现在审问李时勉的宣宗朱瞻基。宣宗听后,才明白了李时勉所言之事都是为国为民。这时,出现了极富戏剧性的一幕:当前面那个传令对李时勉执行死刑的人回来时,李时勉已经穿戴好了皇帝赐的冠带,站在朝堂之上了!

正统六年(1441),李时勉被任命为国子监祭酒。国子监,是为封建王朝培养高级人才的最高学府,祭酒即国子监的首长,官虽四品,但非满腹经纶德高望重者,不可担任。

有一次,宦官王振前来视察国子监。李时勉对王振之流不亢不卑,不搞迎送,不摆宴席招待，这样就大大得罪了王振大人。后来，国子监彝伦堂的古树枝条，妨碍士子们列队操练，被李时勉砍去12枝。此事被王振侦知，便以"擅伐宫树"的罪名，传旨将李时勉戴枷示众。国子监的学生们悉知敬爱的老师遭此不白之冤，群情愤怒，以司马询为首的千余士子，跪伏皇宫前鸣不平，皇帝才被迫释放李时勉。

正统十三年（1448）春，李时勉因病辞官还乡，满朝文武官员和数千学生送出京城崇文门外。沿途送行百姓将街道围得水泄不通，爆竹喧天。看到李时勉回乡时只有行李一卷、书籍几箱，学生们便主动凑集白银数百两赠师，可李时勉一钱不受。

回到安福后，李时勉居于县西梅溪，画竹梅卖钱换米自炊。景泰元年（1450）四月十二日，李时勉逝世。死前三日，他还吩咐孙子李骥代自己赴京上书，誓雪英宗被俘之耻。他这种爱国精神，使许多人深受感动。故其死后，被朝廷赐谥号为"忠文"。有《古廉集》11卷传世。

▶ 13.刘球直言敢谏不顾身

刘球（1392—1443），字求乐，又字廷振，安福县人。明永乐十九年（1420）进士。先任礼部主事，参与撰修《宣宗实录》。书成，改任翰林侍讲。上疏力谏，得罪宦官王振，惨遭肢解。

刘球画像

安福县山庄乡葛洲，是个十几户人家的小山村。村前葛溪清澈见底，游鱼可数。刘氏宗祠掩映在松竹之中，虽破败不堪，但那高翘的风火垛角，祠前的旗杆石、吊马桩，祠后一人多高的御赐勒石，诉说着诞生在这里的一个中国历史名人——刘球的悲壮故事。

刘球中进士后，被朝廷任命为礼部仪制主事。礼部事多而杂，刘球一上任，便对庞杂浩繁的礼法仪轨制度，分门别类进行梳理，建立索引目录，"于是礼仪制度不烦考察，一阅可尽得"。

刘球诗《山居》

刘球的工作和才能,因此得到尚书胡濙的赏识,推荐他参与修纂《宣宗实录》。书成,升为翰林侍讲,成为皇帝的文学侍从官。

古代的云南,人烟稀少,交通不便,致使朝廷权威鞭长莫及。朱元璋统一中国后,对云南多次用兵。由于瘴疫流行,给养困难,大军不能久留,十天半月便班师回朝。大军一走,一些少数民族部落相继叛变,不听中央朝廷的号令。

正统元年(1436),处于中缅边境的麓川(今云南瑞丽一带)土酋思任叛变,宦官王振力主发大兵征讨。刘球吸取历史教训,向皇帝进言,主张对麓川用兵须攻心为上,征剿与屯田相结合,而把主要兵力布防于西北,用以对付主要对手瓦剌。瓦剌是蒙古的一个部落,其首领脱欢,明正统时,统一了蒙古诸部。脱欢死后,其子也先继续扩充实力,准备进攻明朝。这时明朝的军政大权操纵在宦官王振手中。王振不但不布置边防,反而接受瓦剌的贿赂,私运兵器与瓦剌贸易。刘球与兵部侍郎于谦等忠臣,看出瓦剌"包藏祸心",就上书皇帝,指出北京岌岌可危,请罢撤用于麓川兵力,集中力量攻打瓦剌。这一对策引起了王振的忌恨,引来了刘球的杀身之祸。后来历史证明,麓川之征,延绵十余载,西南为之骚动,战争结束,劳师无功,给人民带来了无劳灾祸,明朝国力大为消耗。

正统八年(1443),紫禁城奉天殿的鸱吻(檐角)遭雷击毁。皇帝以为这是上天降下的不祥之兆,于是下诏,征求治国安邦的"直言"。

刘球上书列陈了十件国之弊端,希望皇帝予以改正。其中一件为"权不可下移"。当时,安福人在京城做官的很多,钦天监正彭德清倚仗王振的势力,狼狈为奸,不少在朝大臣,都要到他那里拜谒。作为同乡,刘球不吃这一套,嗤之以鼻,清浊分明,对此彭德清怀恨在心。他到王振处搬弄是非,说刘球"权不可下移"是

针对王振而言的。王振大怒,将刘球逮捕下狱。接着,王振又指使爪牙锦衣卫使马顺相机在狱中除掉刘球。

一天深夜,马顺与一名小校执刀来到监房,一把抓起正在睡觉的刘球。来者不善,于是刘球高声斥责:"太祖太宗之灵在天,你们怎么敢擅杀大臣?"话音未落,头颅已断,鲜血喷射,流遍身体,而刘球的身躯屹立不动。小校骂道:"死了还这样倔强!"一脚踢去,刘球才扑倒在地。之后,马顺令小校肢解刘球尸体,把它装在蒲包里,秘密埋在监狱的后院,以消尸灭迹。同监的大臣董璘目睹了这血淋淋的一幕,将牢里刘球遗留下的血衣,藏匿起来。后来董璘出狱,将血衣交给了刘球的家人。家人悲愤欲绝,只好以血衣入棺,归葬故里安福。

王振指使锦衣卫干下的这件伤天害理的血案,引起天下公愤。余姚士子成器,悲愤交加,在邑中龙泉山顶设坛,遥祭刘球。其祭文历述古今权奸之祸,洋洋两千余言。后来其地因之改名"祭忠坛"。大臣罗一峰的挽诗有"朝枢欲使帝京持,奋写忠肝鬼亦悲"之句。史载,马顺的儿子突发精神病,揪住马顺的头发,又打又踢并痛骂:"老贼,我刘球无过,你敢趋附逆阉,害死我吗?看你等将来如何?我先索你子去罢!"马顺的儿子说完话,两眼上翻,扑地而死。事虽奇怪,但足为奸党者戒。王振后来在"土木堡之变"中被乱军所杀,爪牙马顺被朝廷百官活活打死,暴尸街头,而那个行凶小校也在惊恐中郁郁早死。

景泰帝登基以后,平反了冤案,赠刘球为翰林学士,谥"忠愍"。

14. 罗侨犯颜直谏逆刘瑾

> 罗侨（1462—1534），字维升，吉水县水田乡人。弘治十二年（1499）中进士，授广东新会县右评事。正德五年（1510）遭久旱，想方设法抗旱，有功，升浙江台州知府，官至广东布政司参政。嘉靖四年（1525）职满归故里。

正德元年（1506），武宗朱厚照登位，罗侨任大理右评事。正德五年（1510）四月，京师大旱，人心惶恐。而武宗却只一味嬉乐，不理朝政，宦官刘瑾一手遮天，顺他者，升官发财；逆他者，降职、下狱、流放。

正直敢言的罗侨，面对此种政局，为国忧，为民忧，决定上疏皇帝。同朝好友与他分析形势，规劝他不要上疏。罗侨不听友人劝阻，毅然上疏："窃闻施政有失，必遭祸患。今京师大旱，陛下应颁治国安民之令，释放无故囚徒，撤销株连之令。只是陛下不理朝政，每每夕阳西下，尚不见御驾临殿，且只和一班奸佞之徒通宵达旦，嬉戏打闹，似此怎能承顺天意坐镇江山呢？盗贼白日杀人，百姓流离失所，有司却不敢上报朝廷，内阁虽有措施，又不能彻底解决。近来朝廷对公卿大臣不是以礼相待，而是任意贬谪戍边。如先朝忠良刘大夏，竟被贬到遥远荒芜的边地，迄今三年，陛下置之不问，这实为不当。本朝律典是参照历朝律典而制定，能起着惩治罪犯的作用。只是近来有司不作调查，主观臆断案件。现今的滥施刑罚，为历朝所不及。臣希望陛下少游乐，弃恶嗜，亲贤臣，远小人，请回被逐大臣至京师，使其朝夕勤政，共求利国便民之法；且责令有司认真执法律典，对重案要案，须禀请朝廷裁决，不应擅自定夺，以免量刑失当。似此，则可天灾消除，人心归顺。"

罗侨呈上奏疏后，考虑到可能会招至杀身大祸，就事先准备好衣衾棺材，等待受处。当时满朝文武大臣都为罗侨捏了一大把汗，不敢发表议论。宦官刘瑾大怒，便假传圣旨，诘问斥责罗侨，并令大臣们议罪。幸得大学士李东阳极力拯救，才从轻发落，判为吉水教谕。是年秋，奸贼刘瑾伏诛，罗侨才得以奉诏回朝，官复原职。

15.罗洪先守正研学辞严嵩

罗洪先（1504—1564），字达夫，号念庵，吉水县盘谷镇谷村人。嘉靖八年（1529）殿试状元，授修撰。历任翰林修撰官、春坊左赞善。因看不惯严嵩擅权，朝廷腐败，隐居山间，钻研理学。

罗洪先画像

虽说罗洪先出身官宦世家，但他在仕途上并不顺利，从政12年，官只做到春坊左赞善。而且，期间还因自己的身体及父母亡故等原因，在家的时间长达9年，即便是在京的短暂3年中，因他致力于王阳明的理学研究，又与好友邹守益等人周游各地，因而对仕途非常淡漠，与官场特别是当时的当权派大奸臣严嵩交往并不多，并与严嵩对立的立场自始至终不变。

嘉靖十八年（1539），当朝首辅大臣（相当于宰相）严嵩大兴土木，在家乡江西分宜以修庙宇为名营造华丽的相府，并在附近各地都下有令牌——首辅造屋，人人扛木。一天，御史邹应龙微服私访，路过分宜，也被拉去扛木头。向来与严嵩势不两立的邹应龙为发泄心中不平，他挑了根弯弯曲曲的杉木扛着，并一边走一边在木头上刻诗，诗曰："严嵩造屋，邹仔扛木，弯木做梁，严嵩一家，死绝全亡。"

光阴荏苒，两年时间转眼过去，一座富丽堂皇的相府已告竣工。落成之日，严嵩大摆筵席，许多溜须拍马者不请自来，严府上下人满为患。罗洪先这位京官却迟迟不露面，任凭严嵩众里寻他千百度，这位江西老乡却姗姗来迟，待到开席的那一刻才不紧不慢出现在桌前。席间，文武百官对房子的设计、装修无不交口称赞、羡慕有加，唯独罗洪先说："房子好，梁太小。"

罗洪先在礼节性的用膳后，独自信步于大厅之内，东瞧西望，发现了那根弯弯曲曲的栋梁上写的诗，对严嵩心存芥蒂的罗洪先暗自庆幸，却不经意把诗念了出来，又正好被过路的严府家奴听到。严府家奴一溜烟似地前去禀报严嵩。严嵩

罗洪先墓

本来就因罗洪先说"梁太小"是说他"（气）量太小"而记恨在心，现又当众辱骂他，因而怒火中烧，虽表面假惺惺留罗洪先在府中歇息，私下却想趁夜赶写奏疏，添油加醋，无中生有，准备于次日参本陷害罗洪先。

恰巧，严嵩的举动被一好心的丫鬟识破。聪明的丫鬟匆匆为罗洪先泡了杯茶，杯中放了两颗红枣、一粒茴香豆（意在暗示罗洪先"早早回乡"），罗洪先只顾浏览房子，并未在意其用心，端过茶只略微呷了一小口。丫鬟看在眼里急在心头，赶紧又为他泡了杯茶，杯中插了一双筷子，放了一颗核桃及一粒花生米（意在暗示罗洪先"快快逃生"），茶端到罗洪先手中时，丫鬟还特意交代"大人请慢慢品茶"。罗洪先虽兴致未消，但见这两杯茶甚觉奇怪，又发现丫鬟那急躁的神情，琢磨着那句品茶的话语，想到刚才自己的言行，细一思量，便觉不妙，遂不辞而别，纵马狂奔，连夜直往家乡吉水赶。

罗洪先一生追求理学却与王阳明擦肩而过。15岁就喜欢上了心学大师王阳明《传习录》的他，一心想拜师王阳明，却走上了科举之路，"未尝及守仁门"，无缘接受王阳明的面授。幸运的是，他与"何黄（王阳明的弟子何善山、黄洛村）"在进京赶考的路上邂逅，与他们促膝谈心，结为知交，为后来研究王阳明的理学打下了坚实的基础。

回乡后，在官场上本来就"不务正业"的罗洪先干脆铁下心来潜居在家乡石莲洞攻研学问。他专心考究王阳明学说，精心研究天文、地理、礼乐、典章、沙渠、战地攻守、阴阳卜算和数学。

后来，严嵩见罗洪先的才华日渐显露，一心想网罗他作为亲信，一则增添了羽翼，二则装潢了门面。思量再三，有请罗洪先复出之意，并许诺，只要罗洪先愿意复官,仍可以再回北京任职。哪知罗洪先是个"性方有度,不苟诡随"的人,任凭严嵩如何甜言蜜语,他依然"守正自若,绝不相附"。对严嵩的"以同乡故,擢假边才起用","皆力辞"。他宁可承受与世隔绝的寂寞之苦,也不复出做官,以致严嵩多次为之气得脸发青,大呼:"不识抬举!不识抬举!"

▶ 16.萧樟一身硬骨真铁汉

> 萧樟(1467—1543),字国材,江西永新人,进士出身。明正德十四年(1519)任四会知县;为官清正廉明,颇有才干。上任之后,百废俱兴,财务支出注意节约,差使平民劳役做到公平负担,并用地税的盈余修筑城垣,以缴纳给官府的田赋建造桥梁和渡口。后被荐升为刑部主事。

明成化三年(1467),在永新秋山脚下的一个已有四个男孩的富裕农家,又增添了一个老幺,取名萧樟。萧樟幼时,因父母溺爱而嬉游厌学,18岁学做裁缝。直至结婚以后27岁时,被出身于官宦之家的襟兄王秀才羞辱后,萧樟才重新认识自我,发愤图强,勤奋学习。6年后中举,开始进入仕途。萧樟进入仕途后,明孝宗朱祐樘驾崩,朱厚照于1506年登上皇帝宝座,称明武宗。

武宗沉溺女色,经常微服出行,寻花问柳,嬉游玩乐,而把政事交给阴险狡猾的"八虎"(即得宠的八个太监)之首、官至司礼监掌印太监刘瑾。刘瑾掌权后,趁机专擅朝政,作威作福,鱼肉百姓。朝中文武虽多人逢迎,助纣为虐,但屡遭南京御史蒋钦等群臣弹劾。1510年,大贪官刘瑾被处决。但是,后宫并没有安定下来,又先后出了佞臣钱宁、江彬。受到了"八虎"蛊惑的明武宗不顾朝臣的极力反对,仍沉湎于密室里一半是美女、一半是野兽的游乐场"豹房"。在江彬的鼓动下,武宗又下令大肆修缮宣府的镇国府,并将"豹房"内珍宝、妇女运来,填充镇国府。武宗还以各种方法搜罗男宠,从宫里的太监中遴选娈童作贴身随从,又在外出游乐活动中四处搜罗娈童。由于朝廷腐败,上梁不正,故而社会风气败坏,给各级官员治理地方带来很大的阻力,政务愈加繁重。

浩然正气 Haoran Zhengqi

明正德九年（1514），47岁的萧樟登进士第，经吏部选任为福建莆田县令。由于勤政廉政，萧樟后来改任广东四会县令。

广东四会县，素有"广东剧县"之称。县内民族关系复杂，民性彪悍、民风刁蛮，百姓无视国家法令，怪象丛生。若要把它

治理好，难度大，责任重。明正德十四年（1519），萧樟上任四会知县后，为了扭转这种现状，他以身作则，为官清廉，敢作敢为，敢于碰硬。

敢于碰硬，首先自身要硬，要有坚强的意志，更要有铁一般的手腕。于是，他团结一些比较清廉能干的官员，制定"除奸革害，立仆植弱"的方针，以教化为主，喻之以义，晓之以理，济之以严，采取强有力的措施，制裁了顽固的吸取民脂民膏的贪官污吏和欺压百姓的土豪劣绅，革除了无视国法的恶习。其次，倡导清廉的官场作风，注重理财为民。再次，关注民生，为百姓办实事。萧樟在四会任职六年，百废俱兴，社会安定，百姓富庶，民风大有改观。四会百姓为感激他的功德，为其立碑纪念，并建生祠"惠爱祠"供奉。

正德十五年（1520），53岁的萧樟升任刑部浙江司主事。萧樟从广东调到京城刑部任职，从七品芝麻官一跃为朝廷大员了，故而对朝政了解较新，也较为全面。当他得知久怀异志、阴谋作乱的江西宁王朱宸濠杀死朝廷命官，率众起兵作乱，武宗带着宠爱的刘姬假借御驾亲征南巡作乐，抵达扬州府后，天天出去打猎，并亲自前往妓院检阅妓女，一时花粉价格暴涨，妓女身价倍增。众臣进谏无效后，只有六品官衔的萧樟，不畏强权和黑恶势力，对官场上的腐败和皇上的荒淫无度之弊，毅然挺身直谏，大胆上书，"直刺其荒淫俚亵事"，因而惹怒了武宗这位昏君，下令要将萧樟投入御河淹死。幸亏大学士、内阁首辅杨廷和出面求情，才将萧樟关入狱中等待处理。

正德十六年（1521）三月，在位16年时年31岁的武宗崩驾于"豹房"。武宗无后，群臣奉立宪宗之孙、孝宗之侄、兴献王之子、武宗的堂弟朱厚熜即位，是为世宗。

嘉靖元年（1522），世宗登基特赦，萧樟释放，官复原职。

世宗的登基，引发了朝廷大臣们围绕关于以谁为世宗皇考（即宗法意义上的皇考），以及世宗生父尊号的皇统问题，展开了一场历时3年的大争论和斗争，史称"大礼议"。

以首辅杨廷和为首的一部分朝中大臣认为，世宗既然是由小宗入继大宗，就应该尊奉正统。这对世宗而言，是绝对不可以接受的。世宗说："遗诏以我嗣皇帝位，非皇子也。"双方产生僵持。新科进士张璁等一部分大臣上疏支持世宗，认为朱厚熜即位是继承皇统，而非继承皇嗣，即所谓"继统不继嗣"，皇统不一定非得父子相继。萧樟此时站在杨廷和一边，认为世宗这样做有失礼法，应称孝宗为皇考，世宗的生父只能称"皇叔考"，否则，便是"任私恩而弃大义"，不顺人心。同时还引经据典，援古证今，向皇帝上书。结果，大失所望。

嘉靖三年（1524）七月，萧樟与杨慎等同道朝臣两百余人，跪伏左顺门哭谏。世宗恼羞成怒，命锦衣卫逮捕为首者8人，下诏入狱；下令将四品以上官员86人停职停俸待罪；将五品以下官员134人下狱拷讯。五品以下官员当廷杖责，当场打死16人。萧樟被打得死去活来，却仍然义愤填膺、刚正不阿。

数月之后，因萧樟是先帝留下来的忠直谏诤之臣，世宗再三权衡，若予以罢黜，恐有损皇帝形象，于是打算给他"官复原职"，以显示其宽宏大量，皇恩浩荡。萧樟闻讯，奏称：既然前次谏诤已遭杖责，现在我绝不与那些不尊礼法的阿谀奉承之徒并肩出入廷堂，请求改调南京。世宗准奏，改萧樟为南京刑部广东司主事。不久，又晋升为员外郎，再升为刑部广东司郎中。

萧樟虽因忠谏几乎遭杖杀，但刚直不改"旧章"，并向朝廷建言五事：一、重民；二、节财；三、禁势；四、明律；五、清讼。他在刑部任职十年，秉公执法，清正廉明，才华超众，政绩卓著。在他手上处理的大都是京城内难办的案件，有相当大的一部分还牵涉到当道的达官显贵，尤其是前任积压已久、堆积如山的疑案，他吩咐下属，迅速按时间顺序进行清理，一律以法论处，不徇私情。萧樟钢铁般的意志、铁面无私的办案作风、为国为民敢言谏诤的个性、严惩贪官污吏的铁腕，使得朝廷上下、京城内外无不为之震惊，遂称萧樟为"萧铁汉"。

然而，要秉公办事、严厉执法，自然就会得罪那些无视国法的皇亲国戚和达官显贵，而那些被得罪的和怕被揭发其贪腐的官员，为了维护自己的利益，泄其私愤，必然对"萧铁汉"恨之入骨，欲除之而后快。嘉靖十一年（1532），萧樟终于被这些人排挤出京，调任云南曲靖任知府。其时，云南曲靖是个荒蛮之地，这样的调任，无异于变相贬谪或充军。时年65岁的萧樟，深知其中隐情，更深知官场险恶，毅然挂冠而去，归隐秋山。

17.何心隐杀身成仁持己见

何心隐画像

何心隐（1517—1579），本名梁汝元，号夫山，永丰县人。中国明代思想家，王阳明"心学"之泰州学派弟子。早年放弃科举，创办"聚和堂"，致力于社会改革实践。他思想激进，人格高尚，敢与权贵抗争，屡遭迫害而卓然不屈，是中国古代持不同政见者的典型代表。

嘉靖二十五年（1546），何心隐参加江西省试中秀才第一名，从王良弟子颜山农学习，认为大学之道必先齐家。于是，他弃举子业，回到家乡（今瑶田镇梁坊村），创办"聚和堂"，聘请贤良师资训导乡族子弟。又采用统筹方法，计亩收租，完纳公家粮税。同时，他自捐千金，创置义田，储备公仓，以助"冠婚丧祭"及"鳏寡孤独"之用。短短几年，全族人都过起了有饭同吃、有衣同穿的"大同"生活。

然而，在封建社会，这种"大同"被视为异端邪说，遭到了朝廷的封杀。嘉靖三十八年（1559），永丰地区发生一起抗粮税流血事件。官府将何心隐视为事件的头目抓捕入狱，定绞刑，目的就是要取缔"聚和堂"。因为聚和堂统一征粮、统一纳税之举断了官吏贪赃受贿之路，为他们所不容。一年后，经泰州学派同门程学颜营救，何心隐才获释。

出狱后，何心隐北上京师，经耿定向介绍结识了后来官至宰相的张居正。有

心隐集叙

脉视息临死濒危施以针灸授以猛剂移换脏腑接续性命功效亦甚奇捷而开彼迂缓之论不但乙不喜甲即病者亦不乐闻甲矣当时江陵柄国

圣主冲龄独焦劳重任内安外攘所谓刀刀见血棒棒有痕非欺人语也

条陈学政不欲以空言肆害虑诚溪乃有聚徒而虐联席而谭宇宇迁缓者出而抗之设令天下俞然宗往

伸而相国之志不遂素之何不函谋

将使相国之权不

心隐集叙三

何怙园藏刻

除此布衣即虽然相国焦头烂额人也经正则庶民兴庶民兴斯无邪慝矣以心隐侍君侧相国不愈乎惜夫当日无以此语相国者偶相国今日而在读此遗编当忆曰真冥之中员我良友定为之传其书以报其死

断不至蓁莽中全书生辈为桓谭笑

天启乙亥年除夕楚蕲州张宿题于何怙园

心隐集叙四

何怙园藏刻

五九六

心隐集叙

一次，何、张相约在显灵宫讲学，两人所讲不合，张居正出言不逊曰："时时欲飞，第飞不起耳也。"意思说你何心隐本是只飞鸟，却飞不起来。何一听也反唇相讥："公在大学，知大学之道否？"意为你张居正是大学士，是否懂得大学的道理？由此两人互相挖苦结下仇恨。其实，张居正一眼就看出何是个异端斗士，而何也极有洞察力，他跟朋友耿定向说："此公必官宰相，必首毒讲学，杀我者必此人也。"后来所发生的一切应验了何的预见。

浩然正气 Haoran Zhengqi

何心隐秉性刚直，疾恶如仇。在京期间，又因参与并设计弹劾权相严嵩，事泄后，遭到严嵩党羽的报复，被迫将梁汝元更名改姓何心隐，南下避祸。他先后在福建莆田、安徽定国、湖广孝感、黄安、江西庐山等地会友讲学，宣扬他的人为天地之心，性即是欲，反对"无欲"，主张"寡欲"，与百姓同欲的思想。此时，正值万历年间，权相张居正禁毁私学，何又撰文《原学原讲》与之针锋相对，并讥切时弊，指责张居正专制，因而遭到官府的一次次缉捕。

万历四年（1576），何心隐在孝感集友讲学，被湖广巡抚王之垣以妖逆罪通缉。何先逃到江苏泰州避难，后转回永丰安葬父母，墓刚修好，捕役已紧随其后，只好脱身又逃，逃到祁门。万历七年（1579）七月，在祁门吊丧弟子胡时中被南安把总朱心学捕获，解经江西、转湖广，押解途中何心隐上书申辩，其中，以《上祁门姚大尹书》《上江西抚、按院书》最为痛切。

同年9月2日，案件开审，何心隐见到了湖广巡抚王之垣。王装模作样问："见到本官为何不跪？""贪官污吏何跪之理。"何不但不跪，反而坐在大堂上。"大胆叛逆，还不将谋反之事一一如实招来"。何回答："我一介书生，会友讲学何罪之有？"何心隐唇枪舌剑，大闹公堂，气得王之垣咬牙切齿，连忙说："动刑，动大刑！"何心隐哈哈大笑说："君安敢杀我，亦安能杀我，杀我者张居正也。"公然藐视朝廷贪官，猛烈抨击封建专制主义，把公堂变成讲堂，使得王之垣恼羞成怒："往死里打，看看是他的学说硬，还是我的鞭子硬。"几番酷刑拷打，何心隐被活活打死在大堂上，杀身成仁，时年63岁。

四年之后，友人程学博、耿定向和门人胡时中收殓他的骸骨，遵照何心隐的遗愿，葬于孝感，与程学颜合墓。安葬那天，天下着雨，武昌城万人空巷，群众纷纷涌上街头，洒泪送别英雄。何心隐终于走完了他的成仁之路。

▶ 18.邹元标秉公直言打不死

邹元标（1551—1624），字尔瞻，号南皋，吉水县城小东门人。万历五年（1577）进士，入刑部观政。历官吏部给事中、兵部主事、吏部员外郎、大

第三章 铮铮铁骨

理事卿、刑部右侍郎和左都御史等职。明代东林党首领之一,与赵南星、顾宪成号为"三君"。

在吉水民间,关于邹元标的传说很多。有一句俗语"割不尽的韭菜苑,打不死的邹元标"在民间流传甚广。这其实是有关邹元标敢于秉公直言而遭受屈辱的故事。

当时的朝廷腐败,首辅严嵩得宠于皇帝,大权独揽,独断专行,文武百官敢怒不敢言。邹元标将严嵩贪赃枉法,搜刮民脂民膏等罪行禀报皇上,但是奏折被严嵩截住了。

邹元标是东林党魁首,在朝廷里主持正义,看不惯那些吹牛拍马、阿谀奉承之徒,与阉党更是死对头。他得知皇太后与太监私通,就直言不讳地报告给皇帝。他劝皇帝上朝理事,不要日夜沉迷于歌舞女色之中,也直率规劝皇上勤政爱民。皇帝听到邹元标指责自己,又说母后那种丢脸的事,非常恼火,大骂邹元标没有根据,恣意毁谤。严嵩趁机挑唆皇帝,于是下旨惩处邹元标八十廷杖。

明朝的廷杖是专门对付官员的,非常厉害,凡受廷杖的往往难以生还。朝中的忠良都为邹元标担心,纷纷劝他逃走。邹元标说:"我为天子臣,愿受天子刑。"

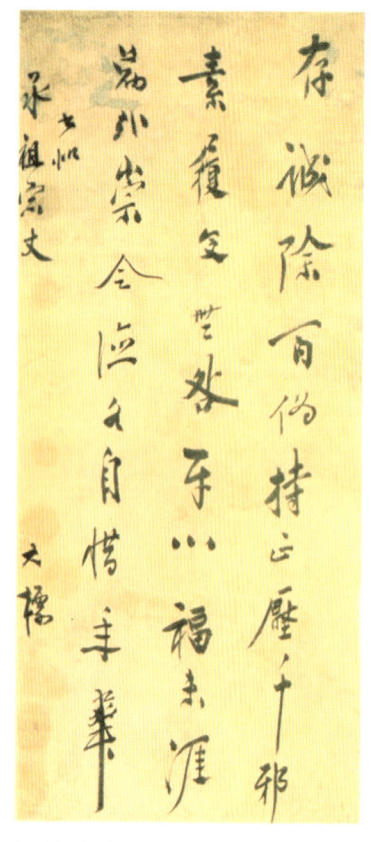

邹元标书法

廷杖那天,邹元标卧在地上,脊背朝天,俯首挨杖。行刑的锦衣卫一字儿排开,一声吆喝:"打!"廷杖立即凌空而下。随着"用力打!"、"着实打!"的叫喊声不断,每打五下,就换一人。像这样的接力杖打,像雨点一样落下,受刑的人往往来不及透一口气,就命归黄泉了。可是今天,行刑的人累得汗流浃背,受刑的人连哼都没哼一声。锦衣卫觉得很奇怪。邹元标也觉得奇怪,廷杖打了七十九下,怎么一点痛都没有?就在锦衣卫要打最后一下的时候,邹元标反眼看了一下,这一下可坏了,"噼啪"一声,杖子重重地落在邹元标的屁股上,立刻皮开肉绽,鲜血直流。邹元标"哎哟"大叫一声,昏过去了。

这究竟是怎么一回事?传说邹元标受冤屈的事惊动了关圣帝君,便当日显灵,用大刀把打下的棍杖给托住了,任凭多大的力气,也落不到邹元标的屁股上。只是邹元标反眼看,关公大人怕被邹元标看破,露出真相,便将大刀一抽,隐走了,所以最后一杖被打着了。传说归传说,其实,原是同乡曾同亨和东林党人以道义说服了锦衣卫,高高举起,轻轻落下,才救了邹元标一命。只是最后一杖,因为严嵩亲临刑场,不敢作假,邹元标才重重地挨了一下。

邹元标虽然受了刑罚,仍然要把皇太后与太监暗通款曲的事搞个水落石出。为了取证,经过观察,邹元标发现了他们在宫殿里相会的暗道。一日夜里,他隐藏在暗处,在路径处撒上石灰,等他们进去了,便用一把大铁锁把那间密室锁死。等天亮皇帝上朝,邹元标即奏明此事,顺着暗道留下的足迹,当众打开密室,丑行败露于光天化日之下,皇太后羞愧万分,无地自容。皇帝的脸面也丢尽了,在事实面前,却又无法指责邹元标,便下旨处死太监,又说自己冤屈了邹元标,要去充军自罚。皇帝是这样说,但哪有皇帝受罚的道理。邹元标说,漏子是我邹元标捅的,还是由我来代皇上受罚吧。于是,邹元标代皇帝去充军。

第四章　革命风范

gemingfengfan

我自横刀向天笑，去留肝胆两昆仑。
　　　　　　　——清·谭嗣同《狱中题壁》

真的猛士，敢于直面惨淡的人生，敢于正视淋漓的鲜血。
　　　　　　　——鲁迅《记念刘和珍君》

孩儿立志出乡关，学不成名誓不还。埋骨何须桑梓地，人生无处不青山。
　　　　　　　——毛泽东《七绝·改西乡隆盛诗赠父亲》

1. 大义凛然,战斗到底
——芙蓉山五女跳崖

> 黄秀英、聂菊英、邓洪祥、张素英、黄清香,皆永丰县人。她们都是贫苦出身,长大后参加红军。1934年3月,国民党反动派出动大部队进剿乐安芙蓉山红军游击队,五位女红军奉命掩护部队突围,被困王家岩,面对穷凶极恶的敌人,她们大义凛然,战斗到底。

1934年3月的一天,一支活跃在乐安芙蓉山的红军,被叛徒出卖,遭到大批匪军的围困。

英姿勃勃的女队长、新干县妇联主任、共产党员黄秀英临危不惧,她秀眉一扬,果断地发出命令:"徐力同志,你熟悉地形,趁敌人尚未合围,带领同志们向崇仁方向转移。女同志留下,掩护你们行动。"

战士们听了无比激动,争先恐后地表示:"我留下!"

"我们留下!……"

"服从命令!"黄秀英坚定的目光盯在徐力脸上,"突围后,在东山顶上烧堆大火。"

"是!"敦厚的徐力眼含泪水,大手一挥,"走!"

战士们眷恋地朝五位女同志看了一眼,唰地立正,敬了个礼,迅速撤离阵地。

敌军开枪打炮,发起攻击,五位女战士打一枪换一个地方,利用地形阻击敌人。叛徒文生趾高气扬,率领一队匪兵紧追不舍。聂菊英开枪击毙一个匪兵,冷不防自己的右腿被一颗飞弹打中,不能行走;邓洪祥忙解下腿上的绑带,上前替聂菊英包扎好伤口;黄清香弯腰扶起聂菊英;黄秀英俯身把她背在自己背上爬崖;张素英则隐身在一块大石后,向逼近的敌人连连开枪。

王家崖,巉岩绝壁,高耸入云。五位女战士登上崖顶。黄秀英轻轻放下聂菊英,环顾四方,只见敌人分三路包抄而上,一面是深不可测的危谷。她转身注视一张张刚强、坚毅的脸,郑重地说:"同志们,考验我们的时候到啦,子弹打光了,怎么办?"

"用石头!"

"石头扔完了,又怎么办?"

战士们异口同声地说:"革命到底!"

阵前子弹横飞,炮声隆隆。黄秀英带领战士们搬好一堆石头,镇定地说:"节省子弹,准备战斗!"一群匪兵手端着枪,猫着腰往上冲。五位女战士用石块朝下砸,把敌人打得晕头转向,抱头滚下山。气势汹汹的白匪见崖上只是几个女红军,不甘心失败,不一会儿,又蜂拥而上。叛徒文生抢在前面喊道:"你们没有子弹啦,投降吧!"后面匪兵也跟着嗷叫:"活捉女共匪!……"

在敌人的狂呼乱叫声中,黄秀英异常镇静地拔出枪,压上一梭子弹,向爬上崖顶的文生射击,叛徒中弹,手捂伤口倒下。紧接着,五女手中的枪纷纷射出一串串子弹,打得敌人狼狈而逃。激战中,黄秀英头部受伤,邓洪祥右臂渗出鲜血,张素英左腿中弹。黄清香仇恨满腔,她拾起一块块石头,狠狠砸向敌人。

五女跳崖

这时,东山顶上升起一团火焰,直冲云霄。五位女战士深情地眺望越升越高的烈火,热泪盈眶,满是灰尘的脸上,洋溢着

五女跳崖

147

胜利的微笑。

突然，一颗颗炮弹落在崖上，炸起一个个深坑，泥石飞溅。敌人从三面扑上崖顶，五女面对张牙舞爪的敌人，坚强不屈；子弹打光了，她们便摔断枪支砸敌人。黄秀英从怀里掏出最后一颗手榴弹，敌人吓得慌忙后退。她猛地扯下导火线，把手榴弹扔进敌群，轰的一声巨响，敌人倒下一大片。

五位女红军神态安详，从容地理了理乱发，整了整军装。她们互相挽着手臂，紧紧地依偎在一起，走到崖边，高呼"中国共产党万岁！"纵身跳下百丈悬崖。

2.大爱无疆，润物无声
——曾山和他的孩子们

曾山

曾山（1899—1972），江西省吉安县永和镇锦源村人。1926年加入中国共产党。土地革命时期，曾任中共赣西南特委书记、江西省苏维埃政府主席等职。新中国成立后任商业部部长、内务部部长等职。中国共产党第七、八、九届中央委员。他一生经历了无数风浪，是中国共产党的优秀党员，久经考验的无产阶级革命家，忠诚的共产主义战士。

作为一位共和国的高级领导，在孩子们的教育上，曾山要求非常严格，他希望自己的孩子能品学兼优，长大成材。

曾山是一位红军时代就参加革命的老共产党员，对"艰苦奋斗"有着一种特殊的感情。他常说："艰苦奋斗是给孩子们的最好礼物"。孩子们还小时曾山就规定了几条生活原则："一是吃饭吃饱、不饿肚子就行，不能挑三拣四；二是穿衣服能御寒、不冷就行，不能和别人讲吃比穿；三是要爱劳动，自己的事自己干，不能依赖别人；四是要和同学搞好团结，互相帮助，与人为善；五是现在都在上学了，要比就比好好学习，看谁学习好。"生活中要是有孩子讲吃比穿，他会很生气，并

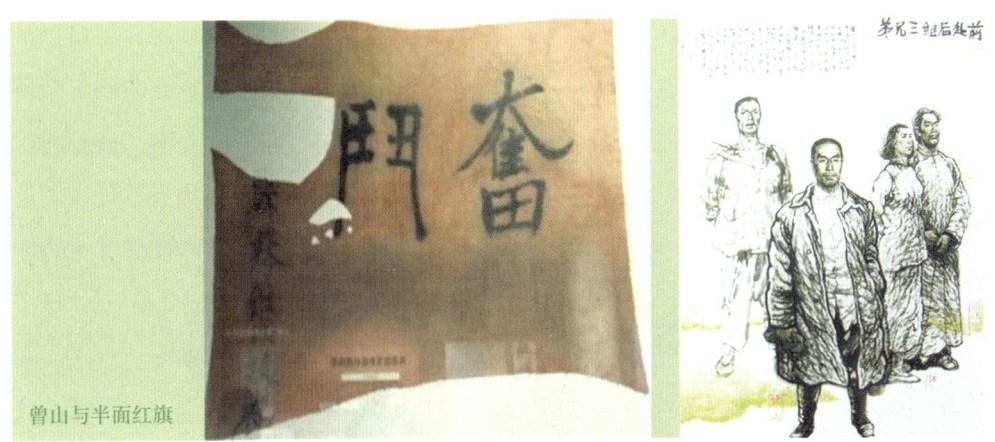

曾山与半面红旗

及时进行教育。

有一次，孩子回来告诉爸爸："有人笑我，说我是干部子弟，还穿补丁衣服。"曾山对他说："穿补丁衣服有什么可笑的，艰苦朴素，勤俭节约，这是好传统！"

在北京时，孩子们住在学校，星期天才回家。孩子们学习和生活上需要零花钱。每个月孩子们的零用钱，他大的给一块钱，小的给五角。他要求孩子们不要乱花钱，钱要花在刀刃上，零用钱主要用来买牙膏、牙刷、肥皂等生活用品。曾山同志常对孩子们说："别说没有钱，即使有钱，也不能让孩子养成乱花钱的坏毛病。"

孩子们的学习情况，曾山同样也非常关心。他经常对孩子们说："我们小时候家里穷，上不起学，我和你们的妈妈都是一边打仗，一边学习。你们现在很幸福，赶上了新社会，有学上了。你们一定要好好学习，做一个有文化的人，才能为社会主义建设贡献力量。"

一次，离开父母身边一年多的大儿子回家，见面后，曾山便要求儿子背诵《辨奸论》。孩子流畅的背诵让他很是欣慰。他问儿子："你知道我为什么要你学习《辨奸论》吗？"思考片刻后，孩子就将曾山常说过的话重复了一遍："取其精华，去其糟粕。"曾山笑了，又问："你具体说说取些什么呢？"曾山的话音才落，聪颖的孩子就脱口而出："为了今后识别事物的好坏。""对！"曾山循循善诱，"让你学习《辨奸论》，就是要你学习细致观察问题和把握事物的发展规律，去寻找认识问题的方法。"从那以后，"事有必至，理有固然。惟天下之静者，乃能见微而知著，月晕而风，础润而雨"的道理，就深深刻在孩子的心里了。

作为国家的高级领导,他自己从不搞特殊化,也不给自己的孩子们搞任何特殊化。在子女上学、就业问题上,曾山坚持原则,从来不托人"走后门"。他要求孩子们依靠自己的能力去学习、工作,像普通人家的孩子一样,在风雨中磨炼成长。

二儿子初中毕业后,曾山没有托人找关系让他继续上学,而是支持他到北京化工二厂去当工人,他对孩子说:"当工人是光荣的。你过去没有吃过苦,能不能干得好,那还不一定。这是一个考验,要经得起考验。"刚上班,孩子的工作是抡大锤,又苦又累的劳动让每天回家的孩子都不想动。曾山仍然一直鼓励他,要他坚持住。寒来暑往,二儿子在工厂这一干,就是二十多年。

六十年代,三儿子在四川空军部队当兵。他给家里写信,不愿在部队待了,希望能回北京上外语学院。妈妈见信后,心有点软,自己悄悄去找空军领导商量此事。曾山知道后狠狠批评了她,说:"参军了就要服从组织,哪能想上哪儿就上哪儿?小孩子在外面闯一闯有好处嘛!"然后,他就给三儿子写信,鼓励他好好学习毛主席著作,安心在部队当个合格的战士。

"文革"开始后,学校停课了。曾山的小儿子和女儿想参军,曾山对他们讲:"我赞同你们去参军,但要你们自己去学校报名应征,我不能去找这个人找那个人。"小儿子自己在学校多次向军代表申请,终于在那年学校征兵中入伍了。但是,女儿参军可没那么容易,一来征女兵的名额很少,二来她眼睛近视,体检也通不过。女儿性格很要强,参不了军,就要求去建设兵团。曾山同意了,支持她和班里同学一起报名去黑龙江生产建设兵团。小女儿在生产建设兵团当了四年"兵团战士",在他的教育下,小女儿干得不错,还被评为"兵团模范"。

三个孩子常年在外地工作,曾山每个月一定要给每个人写一封信,关心孩子们的思想。他给女儿的信中说:"你是在艰苦环境下,在海船上出生的。今天的生活来之不易。一定要跟党走，干一辈子革命。"给小儿子的信说："我们家是革命的家庭、光荣的家庭。望你好好学习马列、毛主席的书，当一个好兵回来见我。"他给三儿子的信说："你们年轻，没有经过风浪锻炼，顺利时容易骄傲，困难时容易灰心。为革命事业应该有不顾一切的决心。"

虽然对孩子们要求严格，但是和天下的所有父母一样，曾山同样有着浓浓的父爱。

老二睡觉的一张棕床，棕线松散了，不能再睡了。他会立即买来梭子和粗针，带上老花镜，一针一线地把床修补好。

老三从部队来信，说部队办宣传队，要家里帮助买几支笛子。他会亲自跑到街上，转上好几家乐器商店，按照儿子信上的规格要求，精挑细选。买好笛子后，再亲手包扎好，给儿子寄去。

小女儿要去北大荒了，曾山决定给她买个盛衣物的箱子。为了买到合适的箱子，他会和孩子们一起上街寻找，买好箱子后，会和小儿子一起走好几站路，抬着箱子回家。

曾山，就是这样一位朴实无华的父亲。在他的教育下，孩子们个个成了国家栋梁之材。

曾山全家合影

3. 克己奉公，一心为民
——苏区好干部胡海

胡海

> 胡海（1901—1935），江西省吉安市青原区东固畲族乡江口村人，1928年加入中国共产党，任江口乡苏维埃政府主席；1929年任东固区革命委员会主席；1930年任赣西南苏维埃政府主席；1931年任公略县苏维埃政府主席；1932年任中央土地部副部长、代部长。参加过九打吉安战斗，并任中路总指挥，参加过五次反"围剿"战斗。1934年10月，中央主力红军长征后，任公万兴（公略县、万安县、兴国县）特委书记，出席过第一、二次全国工农代表大会，被选为中华苏维埃共和国中央执行委员。

哎呀嘞——
苏区干部好作风，
自带干粮去办公。
日着草鞋干革命，
夜走山路打灯笼。

这是当年流传在赣西南苏区的民歌，唱的就是赣西南苏维埃主席"苏区好干部"胡海。

1929年春节刚过，毛泽东、朱德率领红四军转战赣西南，首次到达东固。正值春水泛滥，红军被富水河所阻，胡海组织群众就近砍伐毛竹扎排，仅半天就把队伍运送过了河。

红四军与江西红二、四团在东固会师后，休整一个星期。期间，胡海组织安排每天杀4头猪、1头牛、10桌豆腐、200斤蔬菜供应红四军，并亲自将红四军伤病员安排在东固窑下红军医院治病疗伤，还组织群众为红四军编斗笠、打草鞋，组织妇女洗衣队帮红四军洗衣服。

胡海受到了毛泽东、朱德及红四军官兵的一致称赞。

胡海任赣西南和公略县苏维埃政府主席时，经常走村串户，下乡调查研究。粮食够不够吃，有没有耕牛耕田，粮食产量如何，准备当年交多少公粮，孩子到了年龄要入校读书，等等，就是他的话题。

胡海到群众家里拉家常，喝茶，但不喝酒、不吃饭。他每天提着一个自制的1尺左右高、20公分大小的竹筒，竹筒里装的就是他的干粮，有时候是饭菜，大多是红薯、芋头、脚板薯、大豆、青菜之类。尽管如此，他还常常接济孤寡老人和孤儿，自己经常饿着肚子。即使到群众家里随意吃餐便饭，他也根据苏区规定给伙食钱，如群众不收钱，他就不吃，硬要交费后他才吃饭。

有一天，胡海带着2个工作人员到永丰芹菜坑去调研，在走村串户时，正碰上一位叫叶根的乡亲的儿子结婚，他认得胡海。

"叶老表，恭喜！恭喜！"胡海打招呼作揖后，就直截了当地问自己所要的调研材料。叶根回答完后就拉着胡海的手："胡主席，您是难请的稀客，今天既然撞上了，一定要在我家喝喜酒！"

"哈哈，这么说，我们还真有吃禄，好，红纸为重！"接着又对工作人员说："小李、小王，我们把伙食费凑一块包个红包吧！"胡海边说边掏出钱交给小李，小李包好红包后又交到胡海手上。

"叶老表，红纸为重！"胡海递红包给叶根，叶根哪好意思接呢。二人推来推去。

胡海严肃而又委婉地说："叶老表，你是嫌礼薄了？！你不收下，我们可要走了。"叶根只得收下。

席上有两个上座的客人要让位，被胡海制止了，胡海三人就近入座。胡海平时滴酒不沾，今天也一样，他举起茶杯说道："今天，我胡海以茶代酒，祝新郎新娘——早生贵子，培养革命后代！"

"好！"众人齐声喝彩。

胡海简单地喝了一碗茶，吃了一碗米饭，和大家打声招呼，就带小李小王走了。

走了有二三里路时，小李发现自己口袋里有两个红包："怪，怪，什么时候我口袋里有红包呢？"

"快拆开来看看有多少？"小王催着说。

小李看了看,对胡海说:"主席,这个红包是我们包给叶根家的,这个可能是他打发我们的。"

"是呵。小李,红包不能拆,你辛苦一下,立即送回去,不然我们会犯错误的!"

小李只得返回叶根家退了红包。

有一次,胡海带着教育科的工作人员来到东固列宁小学调研,发现正在上课的一间教室里滴滴答答在漏雨,有些雨水还滴在老师和学生的身上,因为缺少课桌椅子,还有几个学生只得站着听课。胡海立即和校长商量,然后安排校长带部分学生去买瓦搬回来,老师带部分学生搬桌椅到东固万寿宫上课。他离开学校后就在学校附近请来几个会捡漏的中年汉子,对教室进行全面捡漏翻修。第二天,胡海从苏维埃政府财政中如数拨款给学校,用于买瓦捡漏工资和添置课桌椅等。

胡海这种雷厉风行、为群众办实事的工作作风,受到了列宁小学全体师生和当地百姓的称赞。

1930年5月间,兴国县闹灾荒,兴国本来就田少人多,五月间青黄不接闹饥荒常有发生,加上发生了水灾,尤以长冈乡灾情最为严重,许多人逃荒流浪,还有饿死人的现象发生。

胡海看在眼里,痛在心里,他一边组织兴国群众生产自救,一边多方筹措,马不停蹄地来到了东固,连夜召开区、乡、村干部会议。"兴国县现在闹饥荒和灾荒,许多人饿得奄奄一息,俗语说'一方有难,八方支援',我们东固与兴国依山带水如同兄弟,人民都有着光荣的革命历史和传统,红军总司令朱德、总政委毛委员,省苏主席曾山等领导都在兴国救援,东固人要有东固人的样子,尽我们最大的努力给予经济物质的支援……"

在他的号召下,基层干部连夜组织人员上门筹粮,仅一天一夜时间,就筹集到粮食3000担(约30万斤)、苏区发行的货币2000余元。胡海组织红军和精壮男子挑担送粮,场面非常壮观,当时还流传着一首"扁担弯弯一行行,我为灾区送去救命粮……"的歌谣。

胡海到中央苏区土地部工作时担子更重了,压力更大了,他一心扑在工作上,回东固的机会就少了,一年到头才那么两三次。

有一次,胡海回到东固,和妻子钟仁桂(乡妇女部长)刚吃过晚饭,就有人敲门,钟仁桂开门见是她表叔,就热情地请表叔坐,泡了两杯茶,一杯给表叔,一杯给胡海。"听说贤表侄女婿在中央工作,做了大官,这回回来了要为我做主。"表叔振振有词地说,"前年土地调整我家分到4个人的土地,去年我讨了儿媳妇又添了孙子,增加了2个人,请你帮忙说一下,我还要补上2个人的土地。"表叔边说边掏出五块大洋放在桌上。

胡海见状,严肃地说道:"表叔,请你把钱收回去,我是共产党的干部,要廉洁奉公,不收礼。""不成敬意,不要嫌少哇。"表叔抢着说。

胡海接着说:"表叔,合情合理的事,我们包括乡村干部都会支持你,为你办好,我不能知法违法啊!"

钟仁桂也在旁劝说:"表叔,带上你的钱回去吧,不然胡海会拿到乡政府去充公呵。"

就这样,表叔拿上大洋,极不情愿地"叽叽咕咕"地走了。

胡海在苏区工作中,深入基层,坚持原则,不贪污不受贿,不大吃大喝,兢兢业业,克己奉公,全心全意为人民,赢得了全苏区人民的一致称赞——"苏区好干部"。

4.对党忠诚,敢讲真话
——党的优秀干部周贯五

周贯五

周贯五(1902—1987),吉安县人。1930年参加红军,1932年加入中国共产党。1934年参加长征,1955年被授予中将军衔。历任红一军团直属队总特派员、山东野战军第七师政委、渤海纵队政委、华东军区干部部第二副部长、浙江军区第二政委、南京军区副政委等职。曾获二级八一勋章、一级独立自由勋章、一级解放勋章。

在几十年的戎马生涯中，周贯五不仅是一位卓越的军事指挥员，而且是一位优秀的部队政工干部，他对党忠诚、敢讲真话的品格，尤其令人敬佩不已。

开国中将周贯五（左四）

1930 年 11 月，周贯五参加红军一个多月后，赣西南苏区抓"AB 团"的肃反运动规模不断扩大，做法越来越"左"，红军内部也开始了全面肃反。周贯五有个同族叔父被拷打逼供为"AB 团"成员，还乱说周贯五是同伙。周贯五被抓后，在严刑逼供下，拒不承认参加了"AB 团"组织。他说，自己是穷苦百姓，认定跟党干一辈子革命不后悔，即使死，也要死得光明磊落。周贯五在经受拷打折磨后，手指被打伤致残，同他一起坐牢的 18 人，有 17 人同一天被杀害。到傍晚，牢里只剩他一人。守门的人叫他出来，他以为是去杀头。可是，他被送回了部队。

晚上，团长找他谈话，说他对党忠诚、信念坚定，并让医生给他用药疗伤。周贯五说："感谢党组织对我的信任，为了党和革命事业，个人受些委屈没什么关系。通过这件事，我坚定了一个信念，这就是在任何情况下，一个革命者都要坚持原则，要说真话，这次正是说真话救了我的命。"

抗日战争时期，周贯五在冀鲁边抗日战场上整整奋战了七年。这七年是他一生中最为艰苦的时期，也是最为辉煌的时期。战争磨炼了他的意志，提高了他的组织领导水平,培养了他果敢的处事能力,铸就了他报国为民的赤胆忠心。

1943年2月,周贯五到山东分局和一一五师工作。7月初的一个下午,肖华紧急通知周贯五,说6月30日边区发生特大惨案,叛徒冯冠奎采取突然袭击,杀害了正在开会的六旅副旅长黄骅等5人,另有3人重伤。周贯五意识到此事可能与邢仁甫有关。邢仁甫抗战初期投机入党,早在1939年底,周贯五就发觉他有个人英雄主义和宗派主义思想,并对他进行过批评。那时,邢仁甫任挺进队六支队司令员,边区形势危急时,他就动摇,未经领导批准擅自随主力部队离开边区,形势稳定后又回来了。他拉山头、搞宗派,分裂党组织和部队,还在渤海找了个小岛,把后勤机关和自己的家安置在那里。周贯五非常生气,赶到岛上,召开党委会严厉批评了邢仁甫的行为。邢对副旅长黄骅耿耿于怀,但慑于周贯五在边区的威望,不敢轻举妄动,当周贯五离开边区后,他便乘机指使亲信下毒手。

惨案发生后,山东军区司令员罗荣桓和肖华找到周贯五谈话,征求他的意见,希望他回边区去妥善处理好这件事。周贯五回边区后,首先召集高层干部传达上级指示和分局5年工作总结会的精神,接着派人上岛,开展广泛教育活动,揭露邢仁甫叛变的事实真相。由于周贯五敢于坚持原则和做耐心细致的思想工作,最后,除邢仁甫的几个亲信和海匪出身的人外,绝大多数干部战士回到了边区,根据地又得到了巩固和发展。

5.严于律己,家风俭朴

——黄欧东的"五好家庭"

黄欧东(1905—1993),永丰县佐龙乡野溪村人,1925年加入中国共产党并参加革命,在长达68年的革命生涯中,成长为我党一名高级领导干部。中共七大正式代表,八大中央候补委员,十一大中央委员,中央顾问委员会委员。新中国成立后,长期在辽

黄欧东

宁省工作,担任过省委书记、第一书记、省长、省政协主席、省人大常委会主任等职。

一把用绳子缠了又缠的破旧藤椅,是时任辽宁省委书记黄欧东的办公座椅,直到他逝世前还在使用。这是他始终保持艰苦奋斗、严于律己、俭朴家风的见证。

黄欧东是我党久经考验的优秀共产党员,忠诚的共产主义战士,经过五次反"围剿"战争的洗礼和二万五千里长征的磨难,成长为我党一名高级领导干部。在长期担任辽宁省委领导工作期间,他重调查、知民情,关心群众疾苦,特别是严于律己、家风俭朴,更是在辽宁省委大院出了名的,是我党高级领导干部中为数不多的"五好家庭"。

"我身边不能有假公济私的人"是黄欧东的一句口头禅。他无论是对身边工作的秘书、司机、炊事员、警卫员和保姆,还是对自己的爱人、子女、亲属,都严格要求,不搞任何特殊化。他每月领工资时,问秘书的第一句话就是"我的党费交了没有?"他经常提醒说:"交党费是件大事,6个月不交就是自动退党,一定不能大意!"1964年去农村搞"四清",与工作队员同吃、同住、同劳动。他的卧室年久失修,采光不好,房产处几次要给房间换个玻璃窗户,他总是婉言谢绝说:"不要为我给国家造成浪费了。"

黄欧东的老伴赵碧轩,是位参加过二万五千里长征的老红军,

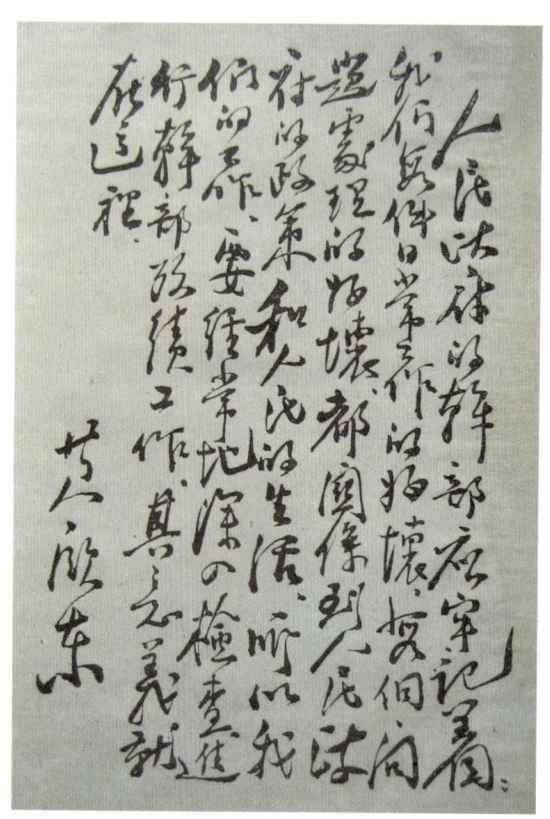

黄欧东手稿

但她自1948年沈阳解放进城的那天起,一直在沈阳市保育院工作,市委领导和组织部门根据赵碧轩的德、才、资各方面的表现,多次提出要另作安排的意见,但每次都被黄欧东

右二为黄欧东

给堵了回来。他说:"保育院的工作很适合她,不要再动了。我们不能搞'夫贵妻荣'那一套,这不是一个人的问题,而是一个风气问题,我最反对'一人得道,九族升天',弄不好上行下效,会影响一大片的。"

黄欧东夫妇生有二男一女,加上收养隔海在台湾的三弟黄镇东的一男一女,五个孩子都同样看待,都严格要求,对他们约法三章:不准坐他的小车;不准以他的名义求人办事;不准炫耀自己的出身。他们穿的是普通学生服装,吃的是和工农子弟一样的伙食,不论刮风下雨,来回学校从未用车接送。他的侄子黄骏,1965年考取大连工学院,录取通知书上标明"自备绘图仪器一套"(价值80多元)。黄欧东要秘书买了一套12件的绘图仪,但他不是给黄骏,而是送给了同年考取唐山铁路学院的保姆王阿姨的儿子。黄骏只好自己设法向学院借用。1970年黄骏大学毕业,分配在本溪市水泵厂当工人,干了5年后,他想通过关系调回沈阳,黄欧东知道后,对黄骏说:"本溪也是个工业城市,一样可以发挥作用,为什么非要回沈阳呢?"后黄骏在本溪干得很出色,先后完成了十多项技术革新,被评为厂、局先进工作者,本溪市社会主义革命和社会主义建设积极分子,1976年还光荣地加入了中国共产党。

1980年黄欧东又主动要求从领导岗位上退下来。"老同志不让位,年轻干部能上来吗?这叫长江后浪推前浪,一代更比一代强!"他说得很坦然。

6. 严于律己，不搞特殊

——陈正人的"先忧后乐"

陈正人

陈正人（1907—1972），江西遂川人，曾用名胡思义。1925年加入中国共产党，曾为中国共产党第八届中央委员会候补委员。土地革命时期，历任江西省遂川县县委书记、井冈山湘赣边界特委副书记、江西省委代理书记、江西省苏维埃政府副主席。抗日战争时期，任中央军委总政治部宣传部部长、中共中央西北局组织部部长。解放战争时期，任东北民主联军总政治部主任、吉林省委书记兼军区政治委员。全国解放后，任江西省委书记、建筑工程部部长、中共中央农村工作部副部长、国务院农林办公室副主任、农业机械部部长等职。"文化大革命"中受迫害，于1972年4月6日在北京逝世。1980年得到平反。

他是井冈山革命根据地的创始人之一，是江西解放后的第一任省委书记，为中国民主革命的胜利，为社会主义革命和建设事业作出过重大贡献。陈正人同志一生严于律己，身后留下了许多感人的事迹。

这次我回来不吃荤菜，只准吃两个素菜

1959年5月14日，陈正人同志回到阔别多年的故乡——江西遂川县盆珠公社大屋村。乡亲们得知陈正人回村的消息，个个兴高采烈。陈正人小时候喜欢吃狗肉，乡亲们为他杀了一条狗。他知道后找到盆珠公社党委书记说："谁叫你们这样搞，现在青黄不接，大家饭都吃不上，谁搞谁负责，谁吃谁拿钱。这次我回来不吃荤菜，只准吃两个素菜。"县委办公室的同志只好把原来准备好的鸡、肉、鱼悄悄拿走。陈正人同志在家乡的7天，每餐只吃两个素菜。

我这个建筑工程部长，怎么能先修自己的房子呢？

1952年至1957年，陈正人一家住在一个集体院里，房子面积很小，而且十分破旧。陈正人的卧室天花板的白灰皮脱落了好几大块，家里人提出要搬个地方换套房子住，陈正人说："不要搬，适当修修还可以住。这总比井冈山时期用杉树皮搭的窝棚好些。我们不搬家，也不大修，想想看，国家要上一百五十六项大的建筑工程，这该多重要啊，我这个建筑工程部长，怎么能先修自己的房子呢？！"1962年，行政管理部门准备为陈正人家扩建一间会议室，图纸和建筑材料都准备好了，马上就要动工了。可是，当陈正人同志知道后，他立即从外地打电话回来加以制止，并对家里人说："目前，国家正处在困难时期，我们怎么能大兴土木扩建自己的住房呢？咱们家人口多，显得挤一些，但总比北京居民好得多嘛。一个共产党员，应该先天下之忧而忧，后天下之乐而乐。在这方面，我们做得还很不够啊！"

"这个车是公家的，不是我私人的，我们自己不能随便使用"

陈正人有六个小孩，并且在不同的地方学习和工作，陈正人从来没有派车接送过他们，即使在开学和放假要拿行李的时候也是这样，就是搭顺路车，也是不允许的。

陈正人夫妇

陈正人全家合影

1957年的一天,陈正人的儿子陈瑞生想顺路搭父亲的车子去西单,未经父亲同意就上了车。陈正人同志看到后,马上要他下车,说:"你坐这个车没有好处,容易滋长特殊化思想。这个车是公家的,不是我私人的,我们自己不能随便使用,到西单也不远,坐公共汽车也方便嘛。"

7.清正廉洁,高风亮节
——金如柏的感人一生

金如柏少将

金如柏(1909—1984),永丰县佐龙乡金家村人。1926年参加革命,1930年参加中国工农红军并加入中国共产党。革命战争年代,曾任红军团政委、宣传部长、旅政委,当选为中共七大代表。新中国成立后曾任昆明军区第二政委、最高人民法院副院长兼军事法院院长、解放军炮兵政委、中央军委委员等职,当选为全国人大代表、全国政协常委。1955年被授予少将军衔。

清正为民

金如柏1951年在云南边疆清匪时,工作极为繁重,他针对边境复杂情况,深入农村调查研究,亲自抓点,制订保护人民的措施。1965年他在军事法院工作,脚踏实地地弄清案情,阅看案卷,作出正确判断,不到一年就纠正了十多件错判案件。

金如柏的家教极严,经常要求子女既要吃苦耐劳,经受得了各种打击和委屈,又要勤奋学习,力求上进,提高为人民服务的本领。他反复教育子女:"在探求真理的道路上,中国革命经历了许多艰难曲折的历程,无数革命先烈为中国革命胜利作出了巨大的牺牲,你们年轻人,一定要珍惜今天安定团结的局面啊!"他对子女语重心长地教导："我在最高法院听到谢觉哉院长说过：'旧社会的人重地位，地位爬得越高，越有剥削别人的机会，可以大吃剥削饭。新社会的人重工作，工作做得多，做得好，全心全意为群众排忧解

金氏宗祠

难，就会获得人民的称赞。'"他还对老伴说："'党的七届二中全会作出两个务必的决议，即务必使同志们继续保持谦虚、谨慎、不骄、不躁的作风，务必使同志们继续保持艰苦奋斗的作风。'共和国成立后，政务院机关一位领导干部要在香山给中央主席盖房子，毛主席知道后，气得铁青着脸，严厉批评道：'你的派头真不小，告诉你，我决不做李自成。你这样干，还配当共产党干部么？老百姓要戳着脊梁骨骂我们呐！共产党员是为人民服务的，不是来这里享受的。'"从此他的老伴也处处以身作则，勤俭治家，保持共产党员的先进性本色。

廉洁奉公

金如柏认真执行党的政策，严格要求自己，从不以权谋私。如他配有专用的红旗牌轿车，但从不让子女享用，老伴为办紧急私事需要坐车，也得按规定标准交费。他几个儿子结婚，都是用自行车去接新娘。又如大儿子大学毕业想留在父母身边工作，他立即说："想调到炮兵来，那不行！只要我在炮兵，子女谁也别想到炮兵来。"

过年了，警卫班里有的战士议论着："逢年过节向领导表示一下心意，这是人之常情。人情往来，盛情难却，却之不恭啊！"金如柏听到后，召开会议，给予严厉批评，他说："这种说法，群众不买账，法律不留情。试想，一个人没有重要职务在身，没有'创造'利益的权力，这种'人情往来'还存在吗？对于盛情难却、却之不恭，关键在于你的精神境界如何，在于你的立场是否坚定，在于你的态度

晚年的金如柏

是否鲜明。如果你在'真金白银'面前内心喜悦,犹豫不决,态度暧昧,甚至半推半就,那当然会打着'盛情难却、却之不恭'的旗号,欣然接收了。不过我要警告这种干部,受贿腐败一旦发生,对领导干部本人的仕途发展是毁灭性的,对家庭也是灾难性的,更重要的是对党的事业所造成的损失那是无法估量的。"

金如柏一生身体力行,艰苦奋斗,节俭度日。有一次他去长沙检查工作,听说宾馆住一夜要24元,他坚持不入住,而另找普通房间。在成都视察建校,他带着警卫员一起挖土抬石头。他生病住院后,进食困难,老伴坐车给他送饭,他制止说:"医院的饭菜我还能吃,送饭会浪费汽油。"他病危弥留之际,一再嘱咐家属节俭办后事,只穿平时穿过的旧衣服。

感人风范

金如柏的身体素质较差,从小就瘦弱。少年时随队伍上井冈山,因患脱肛症,行动困难,他就咬着牙,挂着拐杖,艰难地坚持行军打仗。部队突围长征,他痔疮发作,不时流血,痛得不能走路,但他以顽强的毅力出生入死,坚持不掉队,终于到达了延安。

"文革"中他被扣上所谓"参与贺龙篡夺军权阴谋"等罪名,蒙冤入狱五年之久,致使全身出现多种疾病。对于林彪集团的诬陷,他据理抗争,拒绝乱写揭发材料。出狱后,有人劝他向江青写信缓和处境,他回答说:"我宁可一辈子不'解

金如柏和郑织文

放',也不给她写信。"

金如柏从不计较自己的名誉、地位、金钱和得失。党的"十二大"和全国"六届人大"召开,组织上两次提名他为出席代表,他都以调去不久、年高体弱为由婉言辞谢,提议让炮兵系统年轻的科教干部出席。

然而他得知子女按照党的教导,发挥优良传统,努力工作,而取得立功、受奖、入团、入党的好成绩时,总是激动得流下热泪。可是他自己年迈生病了,却又不愿意儿女在他身边照护和陪伴,怕影响他们的工作,甚至连生病的消息也向他们"封锁"起来。老将军金如柏这种可贵的廉政风范传到家乡后,永丰人民无不极大感奋和深切怀念。

▶ 8.严格要求,质朴一生
——康克清拒绝特殊化

青年康克清

康克清(1911—1992),原名康桂秀,江西万安县罗塘湾人。朱德元帅的夫人,中国无产阶级革命家,中国妇女运动的卓越领导人。1931年加入中国共产党。1932年在江西瑞金任红军总司令部直辖女子义勇队队长,直属队政治指导员。1934年当选为中华苏维埃共和国临时中央政府执行委员会候补委员。参加了长征。新中国成立后,历任全国妇联常委、副主席、主席。中国共产党第十一届、十二届中央委员,政协第五届、六届、七届全国委员会副主席。

康克清同志平易近人、宽宏质朴、艰苦朴素的作风在党内也是有名的,一生粗茶淡饭,一件棉布大衣穿了二三十年。她作为朱德同志的夫人,后来又身居高位,在党内、社会各界享有很高声望,但是在权力和荣誉面前,她不对组织提要求,从不搞特殊化,不计较个人得失,对自己的亲属和身边的工作人员要求十分严格,时时刻刻和普通老百姓打成一片。

朱德与康克清

出行不扰民众

1987年3月28日，海南岛春风习习，全国政协副主席、全国妇联主席康克清来海南视察。在海南岛考察了十余天，她那亲切、质朴的人格风范，在海南各界妇女当中留下了美好的印象。

一天，赵若鸿（海南省慈善总会执行副会长兼秘书长）和康大姐同乘一辆中巴车外出考察，赵若鸿坐在司机后头，她后面是康大姐。车刚驶出区党委大院，前面开道的警车不停鸣着警笛，车内干警向窗外探出来，挥着小旗，吆喝着过往车辆停下让道："前面的车，靠边，靠边。"康大姐听见后，轻轻地说："又是鸣笛，又是拦车，这样开道怎么得了，怎么得了？"康大姐心里很是不安。

陪同视察的海口市委书记林明玉得知此事后，赶紧找负责警卫的公安部门同志商量能否不用警车，负责警卫同志为难地表示："康大姐是党和国家领导人，按规定是要派警车和警卫力量的。商量结果是，警车仍开道，但尽量不鸣笛、不嚷嚷，开道注意文明礼貌。康大姐听到后心里很满意。她是人们心中的大人物，国家领导人，却这样廉洁自律。

饮食粗茶淡饭

康大姐一生艰苦朴素，粗茶淡饭。陪同考察的赵若鸿清楚地记得，一次在她与康大姐吃晚饭的时候，她和往常一样吃得很简单，一点肉，一些青菜和很少的米饭，还吃了一小碗米粥。就在她搁下筷子时，陪同人员夹了一块鸡肉放在碗里，说："大姐，你再多吃一点。"康大姐大概是吃饱了，看见搁在碗里的鸡肉，又不安起来，她很为难地说："这怎么办？"我们忙安慰她："大姐，您喜欢吃就吃，不想吃就放着好了，没关系的。"可大姐还是连声说："这怎么办？怎么办？"这时康大姐的秘书赶紧把这块鸡肉夹到了大姐的警卫员碗里，大姐才放心地笑了。

纪念康克清同志诞辰100周年座谈会

这就是康克清质朴的一生，我们心中从不搞特殊化的大姐。

在琼期间，康克清大姐还重访了朱德同志视察过的兴隆华侨农场、三亚市等地，先后视察了海口、文昌、琼海、万宁等地，听取了各地党政有关领导同志和有关部门负责同志的汇报，还深入工厂、农村、街道了解生产生活的情况。她不顾自己高龄和体弱，广泛地接触基层干部和妇女群众，足见群众在大姐心中的分量。

为了铭记老一辈子革命家的功绩，继承发扬他们的崇高精神，坚定革命信仰，让革命老区的孩子幸福成长，成为中华民族伟大复兴中国梦的圆梦人，万安县康克清同志的家乡于2016年6月3日兴建了康克清红军小学。这也是后辈对老一辈优良传统的一种敬仰和继承。

▶ 9.坚持原则，廉洁自律

——王辉球交伙食费

王辉球中将

王辉球（1911—2003），原名王隆寿，万安县人。1928年参加红军，参加了中央苏区一至五次反"围剿"和二万五千里长征，历任军政委、贵州军区副政委、空军政委、沈阳军区政委等职，1955年被授予中将军衔。

吃了公家的饭就要交伙食费，本是常规，无可非议，但要完全做到却也不容易。

1983年10月，王辉球回到老家探亲，住在县委招待所，家乡亲人去看望他，亲人相见，话语说不完。亲人见亲人，两眼热泪滚。县委领导见王辉球与久未见面的亲人这样亲热，就安排家乡亲人陪他吃餐饭，也算是亲人团聚。可这餐饭却引起了轩然大波。

"你们为什么在这里吃饭？"王辉球劈头盖脸地说，"你们不知道县里困难吗？你们不懂得体谅别人？你们知道吗？我就是怕增加县里麻烦和负担，你们一来反而增加麻烦，加重负担。"一个亲属说："我们也不肯在这里吃，但领导邀请，盛情难却。"他深沉地说："县里有困难，我们要体谅。领导讲客气，我们讲原则。吃了饭就要交伙食费，这两桌饭菜我包了，叫公务员去结账，一分钱也不能少。"

回到家里，大家都想不通。县委领导也是一番好意，亲人团聚更是机会难得，何必发这么大的脾气，弄得大家都十分尴尬。

一波刚平，一波又起。1983年10月22日，他从南昌滨江招待所给家乡亲属写来了一封信，信中说："经我再三追问，真相大白。公务员欺上瞒下，作风不正。你去把账结了，代我向领导说明一下。"原来公务员去结账，县委不肯收，没有及时向他汇报，气得他狠狠地批评了公务员。

捧着这封沉甸甸的信，家乡亲人心里不知啥滋味。这是纪律严明，还是小题大做？是坚持原则，还是牢骚满腹？

家乡亲属来到县委，把这封信交给了负责接待工作的县委副书记，要求交清伙食费。县委领导看了信后肃然起敬地说："这真是一个难得的老首长、老同志，是一个严格要求、廉洁自律、没有私心的人，我们都要向他学习。"

不久，家乡的亲属郭敬华去北京开会，来到他家里。他见面就说："我这次回去，领导和群众对我有什么反映？听到什么意见？向县委交了伙食费没有？"郭敬华不敢欺上瞒下，只得如实地说："我交了，后来又退回来了。"他说："这怎么行呢？吃了饭不交伙食费是违反纪律的事。"郭敬华说："你也太认真了，几十年没有回家，在县委吃餐饭，还要交伙食费？"他严肃地说："你这是什么话？"郭敬华说："不是吗？你对县里的支持和贡献还少吗？"他又说："我是军人，军人有三大纪律八

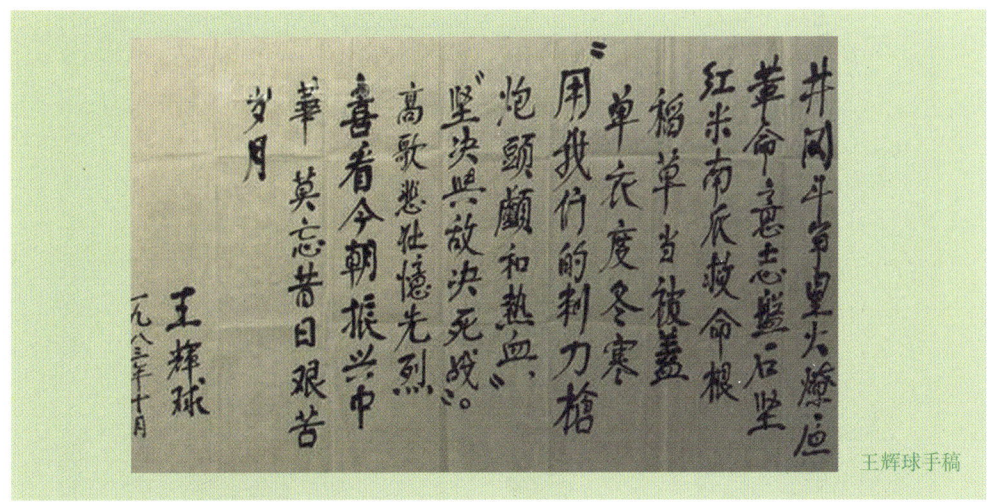

王辉球手稿

项注意。我是党员,党员只讲奉献,不讲索取。"

他越讲越激动,郭敬华不知说什么好。接着又给郭敬华讲起了在井冈山点火把夜行军,不拆群众一个篱笆;在苏区打土豪分田地,不拿群众一针一线;在延安饿了一天一夜,不挖老百姓一个山药蛋;在大别山受到邓小平的款待,不收钱就不吃鸡的故事。

1947年,王辉球率部向南飞进,渡过淮河,千里跃进大别山,受到中原军区政委邓小平的款待,叫厨师炖只老母鸡给他补补身子,可王辉球就是不吃。邓小平说:"你为啥子不吃?"王辉球说:"你们生活这样艰苦,我怎能独享清福?"邓小平说:"你多次遇险,多次负伤,多次生病,身体越来越瘦,还不该补补身子?这是专门给你搞的,你不吃也得吃。"王辉球说:"那就先付钱,后吃鸡。不收钱,就不吃鸡。"邓小平无奈,只得叫厨师把钱收了。1953年,王辉球调任空军政治部主任,邓小平说:"到了那里,可别忘了娘家啰!"王辉球说:"哪能呢,我还记着你的老母鸡哩。"

听了他的故事,家乡亲人又想起了几件事。1958年,他第一次回乡探亲,一下车就和村民一起挑塘泥,干得热火朝天,晚上和乡亲父老一起吃了一餐饭,他说:"村里请客我出钱。"1964年,他在遂溪机场视察工作,和指战员一起参加军事野营,那天晚上领导请他吃海鲜,他说:"海鲜可贵哩!自己出钱就吃。"1975年,家乡

王辉球合影（后排左二）

亲人去北京带了一些家乡的土特产品送给他，他说："千里迢迢，带这么多东西多麻烦。既然带来了就收下，不过一定要给钱。"

从此，王辉球"吃了饭就要交伙食费"的故事就传开了，人们都赞扬他是个"公正无私，清正廉明"的人。

10.信念坚定，一心为国
——巾帼英杰曾志

曾志（1911—1998），女，原名曾昭学，湖南省宜章县人。杰出的无产阶级革命家，中国共产党组织战线杰出的领导者，原中共中央顾问委员会委员，中共中央组织部原副部长。

青年曾志

曾志1911年出生在湖南宜章一个知识分子家庭。在那血雨腥风的年代，她15岁就毅然投身革命，进入了湖南衡阳农民运动讲习所，成为当时唯一的女学员，并于当年加入了中国共产党。1928年她参加了中国共产党领导的湖南暴动，接着举着红旗上井冈，担任了红四军后方总医院党总支书记。此后又跟随毛泽东转战赣南、闽西打游击，创建革命根据地。当时正值革命处于低潮之际，红军主力下井冈以后，由于脱离了原有根据地，受到敌人重兵的尾追袭击，屡次陷入险境，在多次浴血奋战中，她大难不死。当时很多人对红旗到底能够打多久产生了疑惑，但她对共产主义矢志不渝。

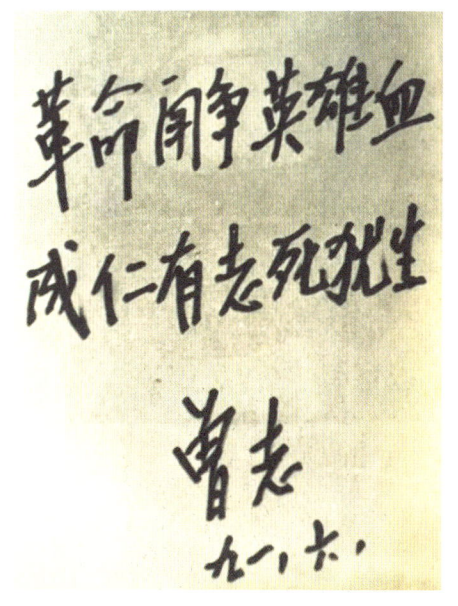

曾志手稿

曾志一生十分坎坷。革命战争时期，由于"左"倾路线的迫害，她曾6次蒙受委屈，6次受到严厉的党纪"处分"。但即使在"文革"那段自己被揪斗、女儿被遣送、丈夫陶铸同志被迫害致死的黑暗日子里，她也没有放弃自己的崇高信仰。她在晚年回忆说："当时我就坚信，党和国家这种不正常的状态不会持续太久，我们的党有能力将他纠正过来。"曾志在70多年的革命生涯中历经各种艰难困苦，但对共产主义的信念始终如一，毫不动摇。就是这种信仰的力量，这种对组织的信任，这种对党的深情，使她一路走了过来。

新中国成立前夕，曾志离开东北，被任命为中南局重工业部副部长，新中国成立后又相继担任了中共广州市委书记、广东省委常委、书记处候补书记等职，一直身居高位。几十年来尽管职位越升越高，但她始终"一心为国，两袖清风"，日夜为党和人民的事业忘我地工作，期盼着党和国家兴旺发达，人民群众安居乐业。

粉碎"四人帮"以后，曾志在中央组织部担任副部长期间，坚决贯彻中共十一届三中全会以来的路线、方针、政策，参与组织了平反冤假错案和落实干部与知识分子政策的工作，使一大批老干部和科技人才重新走上工作岗位。她作为

浩然正气 Haoran Zhengqi

陶铸、曾志和女儿陶斯亮

中国共产党组织工作战线上的杰出领导人，坚持党的干部任用原则，为国家选拔、培养了很多人才。离休后虽然年事已高，但她依然以国事为重，关心年轻干部的培养，积极支持和参与对年轻干部的教育工作，经常叮嘱他们：坚持信仰、坚持原则，努力工作，为国家效力。

在她生命的最后时刻，她想的依然是国家，忘的依然是自己。曾志生前就立遗嘱要求亲属："死后不开追悼会；不举行遗体告别仪式；不在家设灵堂；京外家里人不要来京奔丧；北京的任何战友都不要通告打扰；遗体送医院解剖，有用的留下，没用的火化；骨灰一部分埋在井冈山一棵树下当肥料，另一部分埋在白云山有手印的那块大石头下。决不要搞什么仪式，静悄悄的，三个月后再发讣告，只发消息，不要写生平，我想这样做才是真正做到节约不铺张。人死了，本人什么都不知道，亲友战友们来悼念，对后人安慰也不大，倒是增加了一些悲哀的忙碌，让我死后做一名彻底的丧事改革者！"

1998年6月21日，曾志走完了她87年的生命历程，魂归苍山。后事完全是按老人家遗嘱办理的。6月26日曾志遗体火化时，尽管没有通知任何人，但还是有300多人听到消息后从四面八方赶到北京医院为她送行，足见人们对老人家的敬仰之情。

陶斯亮在给妈妈的小花圈上这样写道："您所奉献的远远超出一个女人；您所给予的远远超过一个母亲！"

曾志在回忆录中写道："对那时的共产党人来说，革命利益高于一切，除了信仰之外，一切都是可以舍弃的，包括自己的鲜血和生命。"

一个人只有把自己的欢乐、忧伤和祖国的命运融合在一起的时候，其精神才会真正博大起来。曾志就是这样一位一生忘怀自己、以国事为重的巾帼英杰。

11. 关爱群众，不忘家乡

——龙道权三谢乡亲

龙道权少将

龙道权（1913—2002），原名段信发，永新县在中乡排形合头村人。1930年参加红军。1953年9月从朝鲜回国后，任中国人民解放军空军政治部主任，武汉军区空军政治委员，广州军区空军政治委员。1955年被授予少将军衔。

经彭德怀批准，1950年龙道权第一次回家探亲访友。刚解放不久的永新老百姓生活仍然很贫困，他的家乡合头村是出了名的穷村。但听到龙道权当了官回来了，村上的人都感到光荣，男女老少高兴得不得了。特别是童年时与龙道权一起放过牛、拔过猪草的段信忠、段信爱等人找到村里的干部商量，打扫祠堂，买来一头大肥猪，准备丰盛的酒席，为龙道权接风祭祖。龙道权进入村中，看到全村男女老少忙个不停，又是敲锣打鼓，又是大操大办酒席，经过一番了解才知道这是为他接风洗尘。龙道权认为这样不仅有损共产党员、革命军人的形象，而且也是一个很大的浪费，增加了群众不应有的负担。龙道权便立即找到段信忠等，反复向父老乡亲表示谢意，并教育大家要移风易俗，勤俭节约，密切党群关系。龙道权的一席话得到了大家的拥护，乡亲们主动把买来的大肥猪退回了养户，停止了操办酒席。龙道权在段信忠等人的陪同下，不顾长途跋涉之苦，挨家挨户去走访，还给不少困难户送钱送物，不时勉励父老乡亲要在共产党和人民政府的领导下，努力生产、建好家园。此次龙道权回家逗留了三天，没有接受任何一家宴请，也没有给当地政府和干部添一丝麻烦。

1962年春，永新遭受了历史上罕见的洪水灾害，合头村良田被淹没了，水利设施被冲毁了，民房倒塌了，损失惨重。在这个时候，村里干部想到了龙道权，经过全村人商量，由村长带上两名与龙道权同辈份的人，南下广州，把家里遭灾

情况如实地向龙道权汇报并提出了一些解决困难的要求。有着浓厚的思乡之情的龙道权,不仅热情地接待了老乡,而且为家乡解决农业生产急需用水一事想方设法。龙道权立即与时任永新县长吴隆开取得联系,请吴县长帮合头村贷款1600元,购买了一台12匹马力的柴油机,安装抽水机,保证了村里200多亩田按时插上了二晚,夺得了全年粮食大丰收。1964年龙道权第二次回到合头村,乡亲们都来向龙道权道谢,有的人家还特意向龙道权送来家乡的茶油等土特产,龙道权都一一谢绝,并说:"你们要谢,应该谢谢共产党,谢谢当地政府。"

人生七十古来稀。1998年7月,已86岁高龄的龙道权撑着虚弱的身体,率妻携儿女第三次回家。正值双抢的大忙季节,天气十分炎热。尽管如此,龙道权及其家人来到田间地头,看望正在紧张劳动的乡亲们,龙道权还要儿女下地与乡亲们一道割禾,让其亲身体验田间劳动。龙道权离开合头村,来到平南小学,看望了全校师生。龙道权和蔼可亲地与老师聊了起来,从学校环境到教学秩序,从老师的教学生活到学生的成绩,作了一番详尽调研,并勉励老师要以满腔教学热情和对学生、家长、社会高度负责的态度,尽自己最大的努力把学校办好,把教学抓好,为培养更多更好的社会主义人才作出奉献。临行前龙道权掏出5000元给学校添置电教设备,以尽老红军对家乡教育事业的一些微薄之力。

12. 不事张扬，埋头苦干

——一切都是本分的余秋里

余秋里（1914—1999），15岁参加红军，至全国解放，历经战役无数，因战伤左臂截肢，1955年被授予中将军衔。曾担任国务院副总理，中国共产党第十一届、第十二届中央政治局委员、书记处书记。在将近70年的革命生涯中，兢兢业业，奋斗不息，为中国人民的解放事业和社会主义建设事业，作出了卓越的贡献，立下了不朽的功勋。可他从不张扬，也不让别人为他歌功颂德。

老年余秋里

群众性大练兵　都是干部战士们热情高

1943年5月，蒋介石发动第三次反共高潮，集结兵力，妄图进攻延安。第三五八旅奉命回师陕北，守卫延安南大门。在驻防的同时，开展了大生产和大练兵运动。余秋里深入基层、深入群众，注意发现先进典型，总结推广先进经验，在大生产和大练兵中都取得了优异成绩。在大练兵中，他提倡能者为师，选拔战士中的射击能手、投弹能手、刺杀能手担任教员，开展了"官教兵、兵教兵、兵教官、互教互学"的群众性练兵活动，极大地提高了训练质量。毛泽东充分肯定了这一练兵方法，指出："陕甘宁边区部队打破陈规，采用官教兵、兵教兵、兵教官群众运动的练兵方法，是突破历史的新创造。"

原三五八旅的几位和余秋里一起工作过的老同志回忆说，余秋里任团政委时，他所带的部队不是缺团长，便是缺参谋长、主任。他常常是军事、政治一把抓，唱"独角戏"。每当工作取得成绩时，他不是说"我"，而是说"大家"或"我们"，从不把成绩归功于自己，而是记在党的功劳薄上。大练兵运动中，三五八旅出了名，他的团在缺团长和参谋长的情况下，又是全旅第一。部队受到了党中央和毛主席的表扬。但余秋里在向贺龙师长汇报时，从不夸自己如何抓，而只是说都是干部战士们热情高。

开创新式整军先例　这是我的分内事

1947年冬季，为了适应新的形势和任务的需要，在党中央和毛主席领导下，全军陆续展开以"诉苦三查"为主要内容的新式整军运动。11月下旬，时任西北野战军第一纵队第三五八旅政委的余秋里遵照西北野战军关于冬季整训的指示，对部队的政治思想状况作了详细调查。他在旅党委会上提出，目前部队中解放战士已占大多数，这次整训应以提高解放战士觉悟为重点，方法是从开展新旧军队对比的教育入手，解决少数同志阶级觉悟不高、斗志减退的问题。会后，他到第七一四团抓教育先行，先后总结推广了该团培养解放战士诉苦典型，带动全体解放战士主动诉旧社会的苦、诉旧军队的苦，从根本上改变立场的经验，以及其他团队的对比算账和诉查结合的经验，使全旅官兵特别是解放战士认清了剥削的实质，激发了革命斗志，把阶级觉悟转化成战斗力。西北野战军表扬了第三五八旅的做法和余秋里深入实际的工作作风，并向各部队介绍了他们的经验。

余秋里全家合影

1948年1月，毛泽东详细听取了余秋里的汇报，充分肯定了他们的这一创造性做法和新鲜经验。毛泽东高兴地说："我们从中央苏区起，就想找到一个教育俘虏兵的好形式，这次诉苦三查的办法把这个问题解决了。"

新式整军运动时，他是三五八旅的政委，旅里的新式整军受到彭总、毛主席的赞扬，他汇报时却只讲彭总、毛主席让如何抓，旅里的领导怎么落实，一个字也没提到自己。

张宗逊上将写《张宗逊回忆录》，写到八团的大练兵与三五八旅的新式整军运动时，曾提及余秋里的名字。余秋里认为自己做的是分内事，执意让他删掉。最后书出版时，只好改为"第八团领导"。

石油工业元勋　我只尽了普通党员的义务

三十年代，一个西方记者曾预言："中国要实现石油生产自给自足，没有奇迹是办不到的。"然而，在共产党领导下，什么人间奇迹都能创造出来。余秋里铿锵地说："我就不信中国贫油国的帽子甩不掉！"

1958年，余秋里接任石油部长时，每年要从国外进口大量石油。随着国际形势的恶化，原苏联"老大哥"卡我们的脖子。在庆祝新中国成立十周年的盛大节日里，人们惊奇地看到，北京街头乃至全国各地都出现了背负沉重煤气包的公共汽车。

余秋里任石油部长，可谓受命于危难之中。能否"决胜于千里之外？"这位久经沙场的老将军率领数万石油大军，独臂挥师，开进北疆草原，展开了一场震惊中外的石油大会战。这场大会战，后来以"石油战线的斯大林格勒战役"被载入中国社会主义建设的名册。

大庆和中国的石油工业联在一起，余秋里的名字也就和大庆紧紧连在一起。当时物质匮乏，生活极端困难，余秋里组织职工和家属自己动手，开荒种地，大搞农副业生产，并带头拉犁耕地，为职工做出表率；因陋就简，就地取材，盖"干打垒"，基本解决了会战职工的吃饭和住宿、过冬问题，稳定了队伍，稳定了人心。他尊重科学、尊重人才，团结和依靠广大科技人员和职工，大力组织开展科研攻关，解决了油田勘探开发和油气集输方面的许多技术问题。

几经春秋，奇迹终于出现了，而且，是中国人民依靠自己的设计、自己的设

浩然正气 Haoran Zhengqi

纪念余秋里同志诞辰100周年座谈会

备和自己的技术力量创造出来的。1963年底，周恩来总理在第三届全国人民代表大会上向全世界庄严宣告：中国石油实现了自给，中国用洋油的时代结束了！

余秋里任石油部长6年，对中国石油工业的建设与发展功不可没。但他任部长时就立下了规矩：不允许宣传部里领导，不允许宣传余秋里。1964年9月，大庆油田胜利建成的喜讯传遍大江南北，惊动世界。《人民日报》记者去大庆采访，找到了余秋里。他说："大庆的建成不是我这个当部长的功劳，是党中央、毛主席的英明决策和领导，是几百万石油工人团结奋斗的结果，也是和全国各族人民各条战线的大力支持分不开。至于我个人，只是尽了一个普通党员的义务。要写只能写群众，不能写我和会战指挥部领导的名字。"后来，这篇题为《康庄大道》的长篇通讯在《人民日报》发表后，全国人民感到欢欣鼓舞。同时，人们也感到奇怪，报道中怎么看不到大会战指挥部领导，看不到余秋里抓会战的具体介绍呢？

是的，真正的革命者是不会给自己记功的，英雄也无须自己来夸耀。然而，党不会忘记他，人民不会忘记他，历史永远不会忘记他。

第五章　先贤语录

是以古之作者，寄身于翰墨，见意于篇籍，不假良史之辞，不托飞驰之势，而声名自传于后。
——三国·曹丕《典论·论文》

伊兹文之为用，固众理之所因。恢万里而无阂，通亿载而为津。俯殆则于来叶，仰观象乎古人。
——西晋·陆机《文赋》

为五行之秀，实天地之心，心生而言立，言立而文明，自然之道也。
——南朝·刘勰《文心雕龙·知音》

1.欧阳修

> 欧阳修(1007—1072),字永叔,自号醉翁,晚年又号六一居士。北宋著名政治家、文学家、学者,永丰沙溪(今永丰县沙溪镇)人。仁宗天圣八年(1030)进士,累官至参知政事。"唐宋八大家"之一。

平生事笔砚,自可娱文章。开口揽时事,论议争煌煌。

——《欧阳文忠公集》卷二《镇阳读书》诗

【简释】

平生爱好就是读书写文章,从中自可得到愉悦;平时关心国家大事,敢于发表自己的真知灼见。这表现出爱学习、勤思考的良好习性和胸怀大局、勇于言事的责任感。

夫养不必丰,要于孝;利虽不得博于物,要其心之厚于仁。

——《欧阳文忠公集》卷二十五《泷冈阡表》

【简释】

奉养父母不一定要丰厚,关键在于要尽到孝道;为人谋利益虽然不能够普及众人,关键是要有一颗深厚的仁爱之心。

为善无不报,而迟速有时,此理之常也。

——《欧阳文忠公集》卷二十五《泷冈阡表》

【简释】

做了好事不会没好报,只是时间上有快有慢,这是一个普遍的道理。俗话说:"善有善报,恶有恶报。不是不报,时候未到。"做个好人,多做好事,迟早总是会有好的结果的。

臣闻士不忘身不为忠，言不逆耳不为谏，故臣不避群邪切齿之祸，敢冒一人难犯之颜。

——《欧阳文忠公集》卷一百零七《论杜衍范仲淹等罢政事状》

【简释】

庆历新政失败，杜衍、范仲淹等遭贬官，欧阳修以"不避群邪切齿之祸，敢冒一人难犯之颜"的大无畏精神，上奏状诤谏。士人不抛弃个人的私利，不忘却自己的生命，就做不了忠臣；向皇帝进言，如果不敢违逆皇帝的旨意，只是顺应皇帝的喜好，便不是忠言直谏。这也正是欧阳修等古代忠直之臣为官言事的原则。

汝孤寒，曾受辛苦，知道官职难得。每事当思爱惜，守廉守贫，慎行刑，保此寸禄而已。

——《欧阳文忠公集》卷一百五十三《与十三侄奉职》

【简释】

作者在写给自己刚走上仕途的侄子的信中，告诫侄子要爱惜自己的职位，坚守清廉，坚守清贫，以仁爱为本，要慎重用刑，不要萌发升官发财的心思。

忧劳可以兴国，逸豫可以亡身，自然之理也。

——《五代史·伶官传序》

【简释】

尽心尽力可以使国家兴盛，享乐游玩可以让自身灭亡，这是一个自然法则。这是告诫人们要有忧患意识，要有勤奋精神，而不要贪图安逸享乐。

夫祸患常积于忽微，而智勇多困于所溺。

——《五代史·伶官传序》

【简释】

祸患灾殃常常从人们忽视的细微小事中积累形成，智慧勇敢则大多因人们的沉溺享乐、不能自拔而困扰、销蚀。这是告诫人们要谨小慎微、防患于未然，而不要沉溺于贪图享乐。

2.孔文仲

> 孔文仲（1038—1088），字经父，临江新淦（今峡江县罗田乡西江村）人。北宋名臣。嘉祐六年（1061）进士第一，官至中书舍人。与其弟武仲、平仲并称为"清江三孔"。

居官则任其责，敢以疾自便乎？

——《宋史》卷三百四十四《孔文仲传》

【简释】

做官就要承担它的职责，哪敢因为生病就自我随意呢？这表现出高度的责任意识。

臣闻适于耳目之娱，而为心腹之害者，柔从说顺也；虽芟夷之，而常患其有余。忤于一日之意，而为百世之利者，刚方谠直也；虽长养之，而常患其不足。古之圣贤，屈己执谦，和颜逊志，加之以劳来之厚，助之以劝赏之渥，凡以养天下刚方谠直之节，使森然立于吾庭，为国家庙社之福。

——《清江三孔集》卷一《制科策》

【简释】

这是作者参加制科考试策论中的一段。大意是说：我听说，适宜于自己耳目的愉悦，却成为自己心腹之患，这是曲意奉承；虽然努力铲除它，也时常忧虑曲意奉承的太多。冒犯了自己一时的意愿，却带来百代之久的利益，这是刚正直言；即使长期培养它，也时常忧虑刚正直言的不够。古代的圣贤，委曲自己的情感，秉持谦虚的态度，和颜悦色，平易近人，再加上厚重的慰劳安抚，辅之以丰裕的奖励赏赐，所有这些，都是为着培养天下刚正直言的节操，让这种节操整齐茂密地树立在我们的朝廷，成为国家社稷的福祉。这是说，兼听则明，从国家根本利益出发，非常需要刚正直言。

古人有言曰：言切直而不用则身危。不切直则不可以明道，苟求所以明道，又避于危身，此势之不可并者也。说不由道，忧也，由道而不合，非忧也。苟求所以由道，又希于必合，此理之不可兼者也。

——《清江三孔集》卷一《制科策》

【简释】

古人有这样的说法，议论建议切合实际、刚直不阿，但如果不被采用，就会身遭危险。不切合实际、刚直不阿，就不可以把道理说得明白，如果要想把道理说明白，又想逃避自身的危险，这势必是不可能并存的。发表议论却不符合正道，这是值得忧虑的事情；符合正道而不被采纳，这不值得忧虑。如果要想符合正道，又指望一定会被采纳，从常理上来说，这是不大可能兼得的。这表明，发表正直的意见和建议，是需要相当的勇气的。

3.孔武仲

孔武仲（1042—1097），字常父，孔文仲弟。北宋名臣。嘉祐八年（1063）进士，官至中书舍人、礼部侍郎。与兄文仲、弟平仲并称为"清江三孔"。

会计当而已，廉吏当寡欲。萧然忘轩冕，日可娱幽独。

——《清江三孔集》卷四《寄题王道祖秀光亭》

【简释】

担任会计，只要把财经账目理得清楚得当就可以了；做一个清廉的官吏，应当清心寡欲、没有贪念。只要清清淡淡地忘却官位俸禄，就能够独自享受每一天的愉快清静。为官清廉，可以此为座右铭。

昔唐太宗闻直谏则奖激之，久不言则诮薄之，风声所感，群下自励。是以终贞观之世，中外无壅蔽之事，朝廷无佞媚之臣，政理之效，优出近世。

——《清江三孔集》卷十一《上哲宗乞转侍从官进对》

【简释】

昔日唐太宗听到直言进谏就奖励赞赏，较长时间没有人直言进谏就讥刺轻视，受到这种好的风气的感化，所有的臣子都自我努力，因此在整个贞观年间，朝内朝外没有被遮蔽阻塞的事情，朝廷之上没有阿谀奉承的臣子，理政治国的功效，是近代最优秀的。所谓"兼听则明，偏听则暗"，唐太宗就是一位乐意并善于听取各种不同意见的突出典型，正因此，才实现了"贞观之治"的良好局面。

立本也，不可以不刚。不刚，则不可以立大事也。

——《清江三孔集》卷十七《冰说》

【简释】

做人的根本，不可以不刚正。一个人不刚正，就不可以成就大事业。为人刚正，是干成大事业的必要条件。

4.孔平仲

孔平仲（1044—?），字毅父，孔文仲、武仲弟。北宋文学家。治平二年（1065）进士，官至金部郎中。与兄文仲、武仲并称为"清江三孔"。

孤根直节非今日，秀气清香自一家。气候人间应较晚，月中子落此开花。

——《清江三孔集》卷二十三《桂堂》

【简释】

诗为咏桂，然而借物抒怀，赞扬了"孤根直节"的品格，表达了对"秀气清香"的追求。

扬庭挺科两,许国操心一。理财务廉约,持宪从宽佚。

——《清江三孔集》卷二十七《郡名诗呈吕元钧五首》其五

【简释】

作者进士及第之后,又中制科,所以说"扬庭挺科两",意思是先后考中两科,光耀门庭。"许国"句是表明自己一颗赤心要报效国家。后两句说,理财务必清廉节约,主管司法应该宽以爱民。作者担任过江东转运判官、提点浙东铸钱、京西刑狱,分别主管财经钱粮和司法。

匏羹若可饱,何必羡牛羊。土室若可安,不须高栋梁。革以脂自柔,铁遇火则洋。木可揉而直,惟士心有常。

——《清江三孔集》卷二十八《八音诗》其六

【简释】

如果有葫芦菜汤可以吃饱,为什么一定要羡慕别人吃牛肉羊肉呢?如果有土坯房屋可以安身,就没有必要住高栋大梁的豪宅。皮革因为沾着油脂自然就变得柔软了,硬铁遇上烈火也就熔化,木头可以经过人的外力加工而变直,只有士人的思想、意志才是坚定不移的。该诗表现了一种安贫乐道、不为物所诱的清高情操。

5. 刘弇

刘弇(1048—1102),字伟明,安福龙云下(今安福县严田乡坛洲)人。北宋名臣。元丰二年(1079)进士,继中博学鸿词科,官至著作佐郎、实录院检讨官。周必大称其为"庐陵自欧阳文忠公以文章续韩文公正传,遂为一代儒宗"。

守中无待于多言,寡信或生于轻诺。盖世济其美者,由反君于道;民受其弊者,亦逢君之恶。故知仁人之言,其为利也博。

——《龙云集》卷一《仁人之言其利博赋》

【简释】

坚守自己的思想情操不必依赖于过多建言，缺乏诚信有时产生于轻易许诺。总的来说，社会成就他的美好追求，是由于他能让君王遵循正道；人民王遭受他的损害，是由于他迎合君王的不良习性。由此可见，仁人发表的意见，它所带来的利益是非常广泛的。孔子说："仁者，爱人也。"仁人从"爱人"的思想出发，当然能更多地造福于民。

临大节而不可夺，居盛名而不为难。

——《龙云集》卷二《诫谕士大夫敦尚名节》

【简释】

面临重大节操时，谁也不能强行改变自己；享有盛大名声时，自己一点也不感到力不从心。俗话说："人怕出名猪怕壮。"人只有具备大修养、大节操，才不至于毁于盛名。

权衡持一世之平，水鉴得大形之正。因其行事焉而行志，取所恕己者而恕人。和气每余，有如青春之在桃李；公心备尽，不以下体而弃菲葑。

——《龙云集》卷十二《谢中宏词启》

【简释】

秤砣和秤杆可保证全社会的公平，水面和镜子可照出大物体的真形。人要凭借他所做的事情来实现他的志向，要依据他宽恕自己的标准去宽恕别人。和气多多益善，就像春风春光遍及所有的桃李；公心完完全全，不因为谁地位低下而待之以不公。《诗经·邶风·谷风》云："采葑采菲，无以下体。"意思是说，芜菁和葑下部的根、茎虽然有时味苦，但也不能因此就连它的叶子也不采摘了。

6.欧阳珣

欧阳珣（？—1126），字全美，庐陵县（今吉安县）永和人。北宋末年

> 爱国名臣，崇宁五年（1106）进士，官至盐官知县。靖康元年，因人推荐上京师，遇国难，反对向金人割地求和，被金人烧死。

吾平生患不得死所。国戚如此，而谋国者日益鄙，吾将有所开说。说不合而死，是吾得死所矣，庸可避？

——《宋名臣言行录续集》卷四

【简释】

北宋末年，政治腐败，国力日衰，金兵步步进逼。面对如此形势，作者认为，自己平生忧虑的就是不能死得其所。他说，国土面积一天天缩小，然后当政者却一天天越来越显得鄙陋，拿不出好的主意。因而自己将要提出自己的建议，建议与当政者不合，不被采纳，自己因此而死，那是自己死得其所，怎么能够逃避呢？该诗表现出作者高度的爱国心和责任感。

7.杨邦乂

> 杨邦乂（1085—1129），字希稷，吉水杨家庄（今吉水县黄桥乡云庄村）人。南宋爱国名臣。政和五年（1115）进士，官至建康府通判。

宁作赵氏鬼，不为他邦臣。

——《宋史》卷四百四十七《杨邦乂传》

【简释】

南宋高宗建炎三年（1129），金兵南侵，建康守臣降金，并挟杨邦乂至金营。杨邦乂刺己血在衣襟上书此10字，誓不投降，表现出以死报国的坚贞爱国精神。宋朝皇帝姓赵，所以用"赵氏"代表宋朝。

死尚不畏，岂可利动！

——《宋史》卷四百四十七《杨邦乂传》

【简释】

死都不怕，难道还有什么利益可以引诱得动吗？这是一种何等坚定不移的大无畏精神啊！

8. 周必大

> 周必大（1126—1206），字子充，又字洪道，曾自号省斋居士、青原野夫，晚号平园老叟，庐陵县永和（今吉安县永和镇）人。南宋爱国名臣、学者。绍兴二十一年（1151）进士，官至左丞相。

莅官以勤，持身以廉，事上以敬，接物以谦，待人以恕，责己以严，待众以宽，养和以恬，戒谨以独，询谋以佥。

——《文忠集》卷四十四《平园续稿》四《送纶丞郡临川十以箴》

【简释】

这是周必大赠送给其儿周纶赴任抚州通判的"十以箴"。作者用 10 个"以"字句，告诫自己的儿子身居官职要勤奋，保持自身要清廉，事奉上级要恭敬，待人接物要谦虚，对待别人要谅解，要求自己要严格，对待大众要宽厚，性情和善要恬淡，小心谨慎要慎独，咨询谋划要全面。这些体现了传统的官德要求，很有参考价值。

9. 杨万里

> 杨万里（1127—1206），字廷秀，自号诚斋野客，吉水湴塘村（今属黄桥乡）人。南宋著名诗人、学者。与尤袤、范成大、陆游并称"中兴四大诗人"。绍兴二十四年（1154）进士，官至秘书监。谥文节。

一生寒瘦知何用？只得清名垂万年。

——《诚斋集》卷二《彦通以诗送石菖蒲和谢之》

【简释】

这两句诗，表达了不愁一生贫寒、只求清名流芳的高尚情操。

升平不在箫韶里，只在诸村打稻声。

——《诚斋集》卷四十一《至后入城道中杂兴十首》其一

【简释】

这两句说，歌颂太平盛世的箫韶音乐并不代表真正的升平，只有代表丰收的各村农民的打稻声音才是真正的升平。这种认识，体现了作者关心民生的政治思想，很有进步意义。

某闻之，私者，君子之甚恶也。利于私，必不利公，公与私不两胜，利与害不两能，故夫私者，君子之所甚恶也。

——《诚斋集》卷六十五《代萧岳英上宰相书》

【简释】

我听说，私心私利，是君子非常厌恶的。对私心有利，必然不利于公众，公与私不能两方面都取胜，利与害不能同时都享有，所以私心私利，是君子非常厌恶的。作者把私与公对立，并明确表明了"私者，君子之所甚恶"的认识立场。

臣闻法不难于立，而难于守。立法而能守，虽非良法，法无不行；立法而不能守，虽有良法，法无不坏。

——《诚斋集》卷六十九《轮对第三札子》

【简释】

我听说，法令不难于制定，而是难于遵守。制定了法令，并且能够遵守，即使不是完善的法令，法令也不会不能实施的；制定了法令，却不能遵守，即使是完善的法令，法令也不会不被毁坏的。这是强调"有法必依"甚至比"立法"更重要。

民者,国之命而吏之仇也;吏者,君之喜而国之忧也。天下之所以存亡,国祚之所以长短,出于此而已矣……古之人君,所以至于民散国亡而不悟者,皆吏误之。

——《诚斋集》卷九十《千虑策·民政上》

【简释】

百姓是国家的命根、官吏的仇敌,官吏是国君所喜爱、国家的忧患。天下之所以存在或灭亡,国家的命运之所以长久或短暂,都是由此而决定的……古代的一些国君,之所以发展到百姓离散、国家灭亡仍然不醒悟的原因,都是官吏造成的。在旧社会,官吏与百姓的根本利益是对立的,而在新社会,领导干部或者说政府官员应该是为人民服务的。但是,如果违背了为人民服务的宗旨,其所造成的后果恐怕也会是一样的。

10. 罗大经

罗大经(1196—1262),字景纶,号鹤林,又号儒林,今吉水县盘田乡白竹坑人。南宋著名笔记小品作家。宝庆二年(1226)进士,曾官临川军事推官。

吾乡前辈彭执中云:"住世一日,则做一日好人;居官一日,则做一日好事。"亦名言也。

——萧东海:《宋代吉安名家诗词文选》,江西高校出版社2001年版

【简释】

我们吉安同乡前辈彭执中(不详)说过:"在世上活一天,就要做一天好人;做官在位一天,就要做一天好事。"这也是一句名言。做人就要做好人,做官就要做好事,这是何等的精神追求!

真西山论菜云：百姓不可一日有此色，士大夫不可一日不知此味。余谓百姓之有此色，正缘士大夫不知此味。若自一命以上至于公卿，皆得咬菜根之人，则当必知其职分之所在矣，百姓何愁无饭吃。

——《鹤林玉露》卷九

【简释】

真德秀（学承朱熹，世称西山先生）论菜时说：百姓不可以一天有这种颜色（菜色，即饥色），士大夫不可以一天不知这种滋味。我认为，百姓之所以有此菜色，正是因为士大夫不知这种滋味。如果从最初级的官吏一直到公卿高官，都能用咬过菜根的人担任，那么他们就一定知道他们做官的职责所在了，百姓何愁没有饭吃呢！这是说，做官的必须能真正体会到百姓的疾苦，从而积极地为百姓谋幸福。

心甘清苦如老头陀，乃能搋鲠亮如真御史。

——《鹤林玉露》丙编卷二

【简释】

一定要像老和尚那样甘守清苦，才能做到像一个真正的御史那样耿直刚强。御史是主管监察、弹劾的，所以必须做到出以公心、不谋私利。

▶ 11. 欧阳守道

> 欧阳守道（1208—1273），字公权，初名巽，字迂父，号巽斋，庐陵永和（今吉安县永和镇）人。南宋后期著名学者。淳祐元年（1241）进士，白鹭洲书院首任山长，官至著作佐郎。

自古未有士大夫知廉隅节操，贵重其身，而天下不可为也；未有廉隅节操之不立，士大夫轻贱其身，苟得忘耻，嗜进无厌，而天下可为也。

——《巽斋文集》卷二《代贺游参政出守书》

浩然正气 Haoran Zhengqi

【简释】

自古以来，从来没有过士大夫懂得保持端方不苟的品性、严守刚正的气节情操，珍重自身的声誉，而天下却不能治理好的事情；从来没有过端方不苟的品性、刚正的气节情操得不到树立，士大夫轻易地作贱自身，苟且图利，不顾羞耻，爱好钱财，贪得无厌，然而天下却能够治理好的事情。这是说，能否把天下治理好，官德、官品是十分关键的。

有志之士，得百里之地而为之宰，便应以教化为第一事，以风化之美恶为己责。
——《巽斋文集》卷三《通萧宰书》

【简释】

有志向抱负的士人，如果被任用到一个县担任县官，就应该把"教化"作为第一件大事，把社会风俗的好坏当作自己的职责。这不单是重视移风易俗的问题，所谓上行下效，要净化社会风气，自己当然须率先垂范。

夫义无定名，要于忠；忠不在小谅，归于为国。
——《巽斋文集》卷十六《欧阳监丞祠堂记》

【简释】

所谓正义，没有确定的说法，关键在于忠诚；忠诚不在小事情上的信用，归根到底是要忠诚于国家。

集义以养吾气，是气塞乎天地。
——《巽斋文集》卷十六《青云峰书院记》

【简释】

聚集、积累正义，用来培养自己的浩气，这种浩气就能充塞在天地之间。这是强调要培养自己的正气。

孔子戒求生以害仁，孟子许舍生而取义，苟有合于仁义，则生死不足计。
——《巽斋文集》卷二十一《题萧氏顺安堂铭说后》

【简释】

孔子告诫不能为了生存而损害仁爱之心,孟子赞赏宁愿牺牲生命去实践正义,只要能够实践仁义,那么生或死是不值得考虑的。这是一种何等高尚的价值观、生死观啊!

12.文天祥

> 文天祥(1236—1283),字宋瑞,一字履善,号文山,庐陵富川(今青原区富田镇文家村)人。南宋著名爱国诗人、民族英雄。宝祐四年(1256)状元,官至丞相。英勇抗元,兵败被俘,不屈就义。

没不俎豆其间,非夫也!

【简释】

我死后,如果不能列名于其间受到后人的祭祀敬仰,就不是男子汉大丈夫!《史传三编》卷39《文天祥传》记载:文天祥,字宋瑞,又字履善,吉水人也。体貌丰伟,美皙如玉,秀眉而长目。自为童子时,谒四忠一节祠,慨然慕之曰:"没不俎豆其间,非夫也!""四忠一节",指文忠公欧阳修、忠襄公杨邦乂、忠简公胡铨、文忠公周必大和文节公杨万里。

臣心一片磁针石,不指南方不肯休。

——《文山集》卷十八《扬子江》诗

【简释】

作者这两句诗,以指南磁针做比喻,形象生动地表现出自己矢志不渝的爱国赤心。

人生自古谁无死,留取丹心照汗青。

——《文山集》卷十九《过零丁洋》诗

浩然正气 Haoran Zhengqi

【简释】

以磅礴的气势、高昂的情调，充分表现出诗人宁死不屈的民族气节和舍生取义的生死观，从而成为千古不朽的壮歌绝唱。

丹心不改君臣谊，清泪难忘父母邦。

——《文山集》卷十九《泰和》诗

【简释】

一片赤心，永不改变君臣之间的情谊；流下清冷的眼泪，因为难以忘怀自己的故乡和祖国。作者被押解北去燕京，途经泰和县，此时已绝食5天了，希望能死在自己的故乡。两句诗表现了作者的爱国精神和民族气节。

从今别却江南日，化作啼鹃带血归。

——《文山集》卷十九《金陵驿》诗

【简释】

从今天开始，我就要永远地告别故国江南了，自己死后一定会像古代蜀国望帝杜宇那样化为啼血的杜鹃，飞回江南。两句诗表达了作者以死殉国的决心和挚爱祖国的赤诚。

天地有正气，杂然赋流形。下则为河岳，上则为日星。于人曰浩然，沛乎塞苍冥。皇路当清夷，含和吐明庭。时穷节乃见，一一垂丹青。

——《文山集》卷二十《正气歌》

【简释】

《正气歌》全诗60句，这是本诗开头10句。大意是说，天地之间有一种正气，由它产生出宇宙间万物各种各样的不同形态。在下便形成了江河山岳，在上便成为日月星辰。在人身上形成的便叫作浩然正气，它充塞在天地宇宙之间。国家、社会有了它，便清明而安定，圣明的朝廷之上有了它，便能得到和谐地发扬，给国家给人民带来幸福。遇到国家局势危难时，体现这种正气的气节便表现出来，

——记载留存在史册上,永垂千秋。作者正是具备这样一种浩然正气,正是为着弘扬我们民族的这种浩然正气,才轰轰烈烈地成就出感动千秋万代的那幕历史壮剧来,成为后人效法的榜样。

予于山水之外,别无嗜好,衣服饮食,但取粗适,不求鲜美。于财利至轻,每有所入,随至随散,不令有余。尝叹世人乍有权望,即外兴狱讼,务为兼并。登第之日,自矢之天,以为至戒。故平生无官府之交,无乡邻之怨,闲居独坐,意常超然。虽凝尘满室,若无所睹,其天性澹如也。

——《文山集》卷二十一《纪年录》

【简释】

这段话大意是说,我在喜好山水之外,别无其他什么嗜好,在衣服饮食方面,只取粗衣糙米,适宜温饱即可,不追求新鲜美好。不注重钱财利益,常常在有所收益时,随进随散,不让它有积余。曾经感叹世上人只要一有权势声望时,便与人产生官司纷争,务求吞并别人的财产利益。我在考中状元那天起,就对天发誓,把它作为自己最大的告捷。所以平生没有官场上的那种交往,没有同乡邻居之间的怨恨,在自己闲居独坐的时候,精神上常常很超然。即使满屋子积聚着灰尘,也好像熟视无睹,这就是因为自己天性淡泊、不慕荣利的缘故。孔子说:"无欲则刚。"人只有不存贪欲,才能从容地面对世上的一切,做一个德操高尚、具有骨气的人。

孔曰成仁,孟云取义。惟其义尽,所以仁至。读圣贤书,所学何事?而今而后,庶几无愧。

——《文山集》卷二十一《纪年录》

【简释】

孔子说杀身成仁,孟子说舍生取义。只要做事情完完全全符合正义,那么"仁"也就可以达到了。读前代圣贤之书,要学习的是什么呢?从今而后,自己应该是无愧于心了。"仁"和"义",这是古代圣贤做人做事的最高标准,文天祥就是按照这样的目标去实践、去努力的。

为子死孝,为臣死忠,死又何妨?

——《沁园春·潮阳张许二公庙》词

【简释】

做儿子就要为尽孝而死,做臣子就要为尽忠而死,死又有什么关系呢?这是一种何等的情操和气节啊!

镜里朱颜都变尽,只有丹心难灭。

——《酹江月·和友驿中言别》

【简释】

镜子里照见自己,年轻的容颜都已变得完全没有了,只有自己忠于国家的一片赤心永远不会改变。这是作者在南京与自己一同被俘并一道押来的战友邓剡告别时的真诚表白,他那颗炽热的爱国赤心,永远在充满活力地跳动着。

13.杨士奇

杨士奇(1356—1444),名寓,以字行,晚号东里,泰和县人。明名臣、著名诗人。建文二年(1400)经举荐,被召入京任翰林编纂。仁宗时任内阁首辅;英宗时,与杨荣、杨溥三人同为内阁辅臣,称为"三杨"。

身者,家国天下之本身。不修不可以齐家,况能推而远之哉!

——《东里续集》卷二《正己斋记》

【简释】

这几句话是说,人的本身,是家庭、国家和整个天下依托之所在。如果不培养好自身,就不可以把自己的家庭治理好,何谈推而广之去"治国平天下"?这表明,人要有"治国平天下"的远大理想和抱负,并且要为之而严格要求、高标准培养锻炼自己。

14. 解　缙

> 解缙（1369—1415），字大绅，吉水人。明名臣、学者。洪武二十年（1387）进士，永乐二年（1404）入内阁，为翰林学士兼右春坊大学士。

令数改则民疑，疑则不信；刑太繁则民玩，玩则不清。

——《文毅集》卷一《大庖西上封事》

【简释】

政令经常改变，百姓就会对政令产生疑虑，产生疑虑就会不相信；刑罚太严酷，百姓就会变得对刑罚轻慢，百姓对刑罚轻慢，社会就不得清平。这关系到制定政令要谨慎、科学，要以民为本。

处其心常在煦春丽日之间，则天下无可怒之人。

——任亨泰：《文毅集序》引

【简释】

让自己的思想、情感时常平静温和，就像处于和煦的春天和明丽的阳光之间一样，那么你在世界上就找不到发怒的对象了。这是说，做人处事，要心情平和，要平易待人。

15. 周　叙

> 周叙（1392—1450），字公（一作功）叙，吉水泥田（属今吉水县盘谷乡）人。明名臣、学者。永乐十六年（1418）进士，官至南京翰林院侍讲学士。

金戈兮铁马,时不利兮摧伤。宁甘心兮一死,溅颈血兮清塘。孤忠兮大节,挺劲草兮秋霜。

——《皇明文衡》卷三《吊余青阳李江州词》

【简释】

手提兵器,身骑铁马,但时势不利,因而失败受伤。宁可心甘情愿地死去,让颈内的鲜血飞溅到清澈的池塘。赤胆忠心报效祖国的大气节,就像劲草傲然挺立在秋霜之中。这是借凭吊英雄,抒发自己的报国之志。

夫民心向背,国之存亡攸系,不可不思所以安之。今边事方兴,用军供馈皆资民力,缓之不能集事,急之必生变故,处之可谓难矣。苟不固结其心,惟刑驱势迫以用之,讵可经久哉。

——《皇明文衡》卷七《正统十四年九月十六日启疏》

【简释】

民心的向背,关系到国家的存亡,不可以不思考如何安定民心。现在边境战事正在发生,军队的供给全都要依靠百姓,如果放宽,就不能让战事取得成功,催促太急,又必然发生意外变故,所以要处理好可以说是非常困难的。如果不稳定好民心,一味地用刑罚、权势去驱使逼迫百姓缴纳租税以满足军事需要,那怎么可以长久坚持呢?"民心向背,国之存亡攸系",历史上的贤哲,向来充分识别到这个道理。

16. 罗 伦

罗伦(1431—1478),字应魁,改字彝正,号一峰。永丰水心(今永丰县瑶田乡水心村)人。明名臣、学者。成化二年(1466)状元,官至翰林修撰。

枉己者不能直人，忘亲者不能忠君。

——《明史》卷一百七十九《罗伦传》

【简释】

冤屈自己的人不能做到对别人正直，忘记父母恩德的人不能做到对国君忠诚。这是说，人要做到正直与忠诚，首先要做到对自己正直，对父母孝敬。连对自己都做不到正直，对父母都不孝敬，他是无法做到正直与忠诚的。

孟子曰：人不可以无耻。伦曰：人不可以有耻。自其初也，不可以有耻；自其后也，不可以无耻。自其初也，天完于人，玉完于璞，若有耻焉，是自丧其宝也，故曰不可以有耻。自其后也，天玷于人，玉玷于瑕，若无耻焉，是自丧其宝也。初无及矣，防其后所以复其初，故曰不可以无耻。

——《一峰文集》卷五《耻庵记》

【简释】

孟子说：人不可以没有羞耻之心。我说：人不可以有羞耻之事。在他最幼小的时候，不可以有羞耻之事；到了后来，不可以没有羞耻之心。在人幼小的时候，上天让他生成一个完美的人，就像玉完整地在璞中，如果有羞耻之事，那就是自己丧失他的完美，所以说不可以有羞耻之事。到了后来，上天会让人受到玷污，就像玉沾染上瑕疵，如果没有羞耻之心，那就是自我丧失他的完美。最初的完美那是无法恢复的，那就要预防他后来不知羞耻，以达到恢复他最初的完美，所以说不可以没有羞耻之心。孟子的意思，是说人只有懂得羞耻，才不会去做坏事。作者对此以发展的眼光作了辩证的阐述。

17. 周孟中

周孟中（1437—1502），字时可，号苇庵，又号畏斋，庐陵县坊廓燕源人。明名臣。成化五年（1469）进士，官至副都御史。曾讲学白鹿洞书院。

浩然正气 Haoran Zhengqi

穷理以明道,立诚以达本,尊君而亲亲,重义而轻利,宁直而死,不曲而生,推是心以往,无不可矣。

——《粤西文载》卷二十七《陆川县学记》

【简释】

弄通学识理论以明确治理国家的根本道理,确立自己的赤诚之心以从根本上达到做人处事的要求,尊重国君,亲敬父母,崇尚正义,轻视财利,宁可因正直而死,也不违背正义而求生,把这种思想推广延伸开去,没有什么事情做不成的。这是强调做一个明是非、有理想的道德高尚的正人君子的重要性。

忠义,人心之同。然惟无所利者,有忧天下之志,而后有忧天下之言,感激而发,虽若得已而自有不容已者矣。

——《粤西文载》卷三十八《刘贤良庙碑》

【简释】

追求忠诚正义,这是人所共同具备的思想。但是只有不追求个人私利的人,才会有为天下忧虑的志向,然后才能发表出为天下忧虑的意见出来,并且往往是深有感触、十分激动地发表出来,即使是好像有理由让他停止不说,他也自然不会容忍自己不说。确实,许多人勇于发表意见,完全是出于其高度的责任心,那么反过来,我们也要认真地广泛听取各种意见和建议。

▶ 18.邹元标

邹元标(1551—1624),字尔瞻,别号南皋,今吉水县小东门邹家村人。明名臣、学者。万历五年(1577)进士,官至吏部左侍郎。

简俭,和厚,大约,收拾人才,调养元气,为国家计财用,为小民陈疾苦。

——清·陈鼎撰《东林列传》卷十三

【简释】

简朴节俭，宽和厚道，大度简约，聚集人才，培养正气，为国家谋划财政收入，替百姓向上反映他们的疾苦。这是对做人做官的基本要求。

19.刘同升

> 刘同升（1587—1645），字孝则，一字晋卿，今吉水县枫江镇陇洲老屋村人。明名臣、诗人。崇祯十年（1637）状元，官至兵部侍郎。

丈夫志济世，不独为身名。

——《锦鳞诗集·咏史一百八十五首》之一〇一

【简释】

男子汉大丈夫就要立志救助世人，不能只是为着个人的利益和自己的名声。一个人活着，就应该为大众谋幸福，历史上的贤哲都具有这种人生观、价值观。

我瘠天下肥，我忧天下乐。存此易地心，瓢饮亦不恶。

——《锦鳞诗集·悯饥三十首》

【简释】

我贫困但天下人富足，我忧愁但天下人快乐。只要心中有这样一种换位思考的思想，那么自己即使像颜回那样过着"一箪食，一瓢饮，在陋巷，曲肱而枕之"（孔子语）的贫穷日子，也不会觉得苦。范仲淹说："先天下之忧而忧，后天下之乐而乐。"（《岳阳楼记》）作者这四句诗正是表达这样一种胸怀天下的忧乐观、价值观的。

20.贺贻孙

> 贺贻孙（1605—1688），初名诒孙，字子翼，自号水田居士，永新厚田中

屋里（今永新县沙市乡中居村）人，济宁知州贺康载长子。明末清初学者。明亡，隐居不仕，变名为僧，潜心著述。

贪者之得，不如廉者之得也。廉者常明，贪者常暗。廉者常见有余，贪者常见不足。廉者之得，在不患得；贪者之失，在于患失。不患得者，以不患而得，得之亦无患；患失者弥患而弥失，亦弥失而弥患。

——《激书》卷一《儆贪》

【简释】

贪污的人所得到的利益，比不上廉洁的人所得到的多。廉洁的人常常是思想明确，贪污的人常常是眼光昏暗。廉洁的人常常觉得有余，贪污的人常常觉得不足。廉洁的人所得到的，在于他不忧虑他得到的少；贪污的人所失去的，在于他总是忧虑他失去的太多。不忧虑自己少获得的人，由于他不忧虑他获得的少，获得了后也就没有忧患；忧虑自己失去的人，越是忧虑自己获得的少就越是失去的多，越失去的多也就越是忧虑。这是从对得失的态度角度，分析贪与廉的得失，从而倡廉反贪。

贪者以得利为宝，廉者以得名为宝。既而名之所集，利亦归焉；名之所去，利亦亡焉。于是贪者不崇朝而丧二宝，廉者不崇朝而得二宝矣。

——《激书》卷一《儆贪》

【简释】

贪婪的人把得到利益看作很宝贵，清廉的人把得到好名声看得很宝贵。接下来清廉的人好名声落下以后，利益也获取了；贪婪的人名声失去了，利益也全没有了。因此贪婪的人一个早上还没结束，便丧失了两件宝贵的东西，清廉的人一个早上还没结束，便获得了两件宝贵的东西。这是说，从长远的、实际的利益来说，清廉是胜过贪婪的。

后 记

　　为深入推进我校廉政文化建设，充分挖掘吉安历史文化资源，切实加强对师生的廉政教育，学庐陵先贤，扬清廉之风，努力营造风清气正的校园氛围，吉安职业技术学院杨连洪等同志组织编辑了文化育人读本之一的《浩然正气》一书。

　　《浩然正气》一书从清臣廉吏、清正家风、铮铮铁骨、革命风范等四个层面，选取了60篇感人的故事，并附有古代吉安20位先贤的语录。这些廉政故事和先贤语录，从不同的历史时期和历史侧面，塑造了许多充满传奇色彩的清廉形象，表现了庐陵先贤爱民利民、取义成仁的高贵品格和坚定信念，反映了中华民族廉政思想的内涵。

　　吉安市纪委、永丰县纪委对本书给予了大力支持。吉安职业技术学院彭晓雁、吉安市纪委曹蕾、吉州区委宣传部李梦星、吉安市文联陈晓莉、井冈山大学丁功谊等同志参与了本书的策划与指导，提出了很多宝贵的意见。井冈山大学刘德清、萧东海、顾宝林等同志选辑了先贤语录。吉安职业技术学院李泽意、陈云花、黄彬、李莉、刘季商、肖章洪等同志做了大量的整理和编审工作，王霞、罗善红、匡兰凤、郭爱民、连文秀、郭雯、陈雅妮、金玲、邓超等同志提供了部分照片，书稿撰写过程中借鉴使用了相关文献、史料和研究成果，由于篇幅和体例的原因未能一一注明，在此一并致谢。

　　由于时间仓促，编辑水平有限，本书难免存在诸多不足之处，敬请广大读者批评指正。

编　者

2016年9月

图书在版编目（CIP）数据

浩然正气 / 杨连洪主编 . —南昌：江西人民出版社，2016.12
ISBN 978-7-210-08905-6

Ⅰ.①浩… Ⅱ.①杨… Ⅲ.①反腐倡廉 – 中国 – 青少年读物 Ⅳ.① D630.9-49

中国版本图书馆 CIP 数据核字（2016）第 269589 号

浩然正气

杨连洪◎主编

策划编辑	章华荣
责任编辑	蒲　浩
出版统筹	徐明德
装帧设计	同昇文化传媒
出版发行	江西人民出版社
社　　址	南昌市三经路 47 号附 1 号（33006）
承　　印	江西千叶彩印有限公司
开　　本	787 毫米 ×1092 毫米　1/16　印张 13.5
版　　次	2016 年 12 月第 1 版　2016 年 12 月第 1 次印刷
字　　数	210 千字
书　　号	ISBN 978-7-210-08905-6
定　　价	30.00 元

赣版权登字—01—2016—889

版权所有，侵权必究

发 行 部　0791-86898815

编 辑 部　0791-86899010　taxue888@foxmail.com

赣人版图书凡属印刷、装订错误，请随时向承印厂调换